Este devocionario no está escrito con el propósito de mercadear un producto de un famoso. Está escrito con lágrimas, con sudor, con esfuerzo, con la disposición de poner por obra recomendaciones bíblicas por fe.

Conozco personalmente a Alex y a Nathalia. Los resultados de éxito predichos o profetizados en este libro están sostenidos con las victorias que Alex y Nathalia han experimentado al poner por obra lo que al principio no fue fácil aplicar.

Valoren cada línea leída en este libro, porque el valor de un libro no está en los conceptos teóricos que comparte, sino cuando su autor ha escrito con transparencia las grandes verdades que dan resultados en cualquier cultura y en todos los tiempos. Así escribieron Alex y Nathalia.

Que sus oraciones a Dios y el deseo de sus corazones de que esta obra logre el propósito por el cual fue escrito, sea cumplida. ¡Amén!

PASTOR REY MATOS

ALEX y NATHALIA CAMPOS

ENSÉÑAME A AMAR

*Devocional
de 30 días
para parejas*

PRÓLOGO POR ANDRÉS CORSON
COESCRITO POR CHRISTOPHER SHAW

Tyndale House Publishers, Inc.
Carol Stream, Illinois, EE. UU.

Visite Tyndale en Internet: www.tyndaleespanol.com y www.BibliaNTV.com.

alexcampos.com.co

TYNDALE y el logotipo de la pluma son marcas registradas de Tyndale House Publishers, Inc.

Nueva Traducción Viviente, NTV y el logotipo son marcas registradas de Tyndale House Publishers, Inc.

Enséñame a amar

Un día a la vez. Letra original por Marijohn Wilkin y Kris Kristofferson (1974). Traducción anónima.

Océanos. Letra original por Joel Houston, Matthew Crocker, Salomon Ligthelm (Hillsong United, 2013). Traducción por Caroline Grace Barger.

Fotografía de la pareja en la portada tomada por Alberto C. Navata Jr © Tyndale House Publishers, Inc. Todos los derechos reservados.

Diseño: Alberto C. Navata Jr.

Edición: Charles M. Woehr

Para información acerca de descuentos especiales para compras al por mayor, por favor contacte a Tyndale House Publishers a través de espanol@tyndale.com.

ISBN 978-1-4964-1375-8

Impreso en Estados Unidos de América
Printed in the United States of America

25   24   23   22   21   20   19
7   6   5   4   3   2   1

Prólogo

El matrimonio es la unión de dos personas diferentes, dos maneras diferentes de hacer las cosas, dos personalidades diferentes y dos pasados diferentes que nos unimos para convertirnos en uno solo: «por eso el hombre deja a su padre y a su madre, y se une a su mujer, y los dos se funden en un solo ser» (Génesis 2:24, NVI). Pero al poco tiempo de estar casados nos damos cuenta de lo egoísta que es la otra persona y, obviamente, de lo egoístas que somos nosotros; se empiezan a manifestar nuestros temores e inseguridades, vemos que esas cosas que nos fascinaban de la otra persona nos empiezan a fastidiar y, poco a poco, se va abriendo una brecha entre los dos. Dejamos de disfrutar del amor de la otra persona, y ese "matrimonio perfecto" que se veía en las fotografías del día de la boda ya no es tan bonito.

He leído muchos libros acerca del matrimonio, pero no aprendo nada de los que tratan de mostrarnos que sus matrimonios son perfectos, porque eso no existe. Yo aprendo de los libros escritos por parejas que han tenido días de lluvia, pero que aun en medio de la tormenta han aprendido a oír la voz de

Dios, a perdonar y olvidar las cosas malas del pasado, a callar las voces del enemigo y renovar su mente, a orar y darle gracias a Dios por su matrimonio, y a disfrutar tanto los días de sol como los de lluvia.

Alex y Nathalia no pretenden ser el matrimonio perfecto, sino un matrimonio que, al igual que el mío, ha necesitado de Dios y de su gracia, pero ha sido esa lluvia de su gracia la que ha permitido que nuestros matrimonios brillen.

Andrés Corson

Introducción

Descubrir los ritmos y las dinámicas que posee cada matrimonio es algo que solamente se puede lograr en la intimidad de la relación, al caminar juntos por la vida. Las bases para hacerlo con éxito, sin embargo, surgen de ciertos principios universales disponibles para cualquier pareja que se disponga a incorporarlas en su experiencia matrimonial. Estas incluyen comprender las reglas de la buena comunicación, la sabia administración de los recursos económicos y las formas más eficaces para resolver los conflictos que inevitablemente se presentan cuando dos personas unen sus vidas en un proyecto de vida, tal como Alex y Nathalia Campos lo hicieron en el día de su boda.

Para la pareja que desea asumir el compromiso de entender mejor las particularidades de su propio matrimonio, *Enséñame a amar* es un recurso preparado para acompañarla en su propósito. Esto lo hace mediante dos singulares recursos: primero, una mirada íntima a la vida matrimonial de Alex y Nathalia y, segundo, una serie de ejercicios diseñados para crear espacios de crecimiento, diálogo y reflexión en la pareja.

Con su valiente y honesto testimonio, Alex y Nathalia revelan cómo el Señor los ha desafiado en los años que han compartido juntos. Al escuchar el relato del camino que han recorrido, descubrirán que algunos de los desafíos que las parejas enfrentan son comunes a todos los matrimonios.

En *Enséñame a amar*, cada reflexión se desprende del maravilloso relato que comparten Alex y Nathalia. No solamente podrán observar la forma en que ellos resolvieron algunos de los desafíos que experimentaron por el camino, sino que también habrá un principio espiritual que destacar, que puede beneficiar la vida de su propia relación.

Al final de cada día, encontrará varios ejercicios que servirán para crear los espacios propicios para el mover de Dios en sus vidas. Una y otra vez serán conducidos a intentar descifrar lo que el Señor está haciendo en medio de cada una de las situaciones que deben afrontar como matrimonio. Encontrarán que este libro se aferra a la convicción de que los obstáculos que más entorpecen la vida compartida son la más clara evidencia de que sus corazones aún no han sido completamente transformados por el Señor. «Cámbiame primero a mí, Señor» es la oración que con mayor frecuencia harán como fruto de estas reflexiones.

Enséñame a amar no les ofrecerá una serie de métodos ni tampoco una fórmula para alcanzar una relación plena y fructífera. Más bien, los invitará, con cierta insistencia, a aquietar sus corazones para descubrir lo que Dios está haciendo en medio de ustedes, aun en los momentos de más intensas luchas.

La abundancia de lo que Dios ofrece a cada matrimonio que se abraza a su destino eterno es la convicción que ha sostenido la relación de Alex y Nathalia a lo largo de los años.

Con su precioso testimonio, resaltan el inconfundible valor fundamental de construir una vida juntos sobre la fidelidad. El compromiso inconmovible con Dios y con el cónyuge es el cimiento seguro que les permitirá echar mano de una experiencia rica y profunda en la aventura de vivir, en toda plenitud, su vocación matrimonial.

Christopher Shaw

UN MATRIMONIO COMO CUALQUIERA

Nuestro noviazgo y matrimonio [Alex] ha sido muy especial. Hemos experimentado muchos altibajos y pasado por muchas luchas. La gente, sin embargo, tiende a idealizar la vida de los pastores y los líderes. Creen que, de alguna manera, ellos no se ven expuestos a los mismos problemas y las mismas dificultades que padece la gran mayoría de las personas.

La posibilidad de compartir nuestra experiencia en este libro me entusiasma porque nos permite mostrar que el éxito, como músico, que me ha permitido el Señor no nos ha librado de las pruebas comunes a todas las parejas. En la carrera del matrimonio, nadie corre con ventaja.

. . .

Los perezosos ambicionan mucho y obtienen poco,
pero los que trabajan con esmero prosperarán.

PROVERBIOS 13:4

Pon todo lo que hagas en manos del SEÑOR, y
tus planes tendrán éxito.

PROVERBIOS 16:3

SUMAR ALGO MÁS

El que debamos invertir trabajo para disfrutar plenamente de la relación matrimonial suele desconcertarnos. Esto se debe, en parte, a que en los primeros tiempos de la relación, todo parece fluir naturalmente, sin ningún esfuerzo. El diálogo es incesante, los temas para platicar interminables y las sensaciones que provoca estar juntos, intensas. Esos primeros meses de idilio, sin embargo, con el tiempo pasan y llegan los días en que la relación comienza a vivirse dentro de un plano más normal, con sus momentos de cansancio y ocasionales situaciones de discordia.

Solemos vivir esta transición con cierto desencanto. Nuestra desilusión puede ser aún más intensa si hemos sido influenciados por la filosofía predominante de este tiempo, que considera innecesarios el sacrificio y la disciplina. El éxito desmedido de algunas personas, fruto de algún extraordinario talento que posean, nos ha llevado a pensar que los logros en la vida dependen más de un golpe de suerte que del trabajo y el esfuerzo. Los conceptos populares también nos juegan una mala pasada, pues nos hemos acostumbrado a pensar en el amor en términos de un sentimiento sobre el que tenemos poco control. La idea de que haya que trabajar para construir y nutrir nuestra relación parece conducirnos hacia una versión barata de lo que debería ser una aventura romántica que posee vida propia.

Frente a esta confusión de lo que verdaderamente significa

amar, nos sentimos tentados a mirar la aparente buena relación que disfrutan otros matrimonios y pensar que ellos poseen alguna ventaja que a nosotros se nos ha negado. Pronto nos convencemos de que, si estuviéramos casados con otra persona, si disfrutáramos de mayor estabilidad financiera o si gozáramos del respaldo de una familia como la que ellos disfrutan, entonces todo sería distinto. Persuadidos de que nada podemos hacer para cambiar nuestra situación, comenzamos, sin ser conscientes de ello, a transitar por el camino de la resignación que acaba arrastrando la relación hacia el conflicto y el distanciamiento.

Este desconcierto fue especialmente intenso para Alex. En ocasiones, su frustración con la situación era tal que exclamaba: «¡No puede ser que todo sea tan trabajoso! Tiene que haber una forma más sencilla de vivir el matrimonio». La verdad, sin embargo, es que se encontraba en el valioso proceso de entender que lograr una relación más armoniosa solamente es posible si uno está dispuesto a invertir tiempo y esfuerzo en el matrimonio.

Nathalia señala el desafío al que se enfrentaba: «Mi esposo canta muy lindo, pero eso no lo convierte en un hombre espiritual, ni lo capacita para llevar adelante un matrimonio, ni tampoco lo convierte en un buen papá».

El autor de Proverbios expone el principio que gobierna todos los emprendimientos que abordamos: «Los perezosos ambicionan mucho y obtienen poco, pero los que trabajan con esmero prosperarán» (13:4). No alcanza con que Nathalia y Alex anhelen vivir una relación más plena dentro del matrimonio. Ese deseo no posee la fuerza necesaria para sobreponerse a las adversidades y los contratiempos que se nos presentan en la vida. En algún momento, ese deseo debe traducirse en un compromiso de trabajar por algo mejor.

Ese trabajo, tal como lo señala el pasaje de Proverbios, deberá ser hecho con esmero. Es decir, requerirá de un esfuerzo sostenido y diligente a lo largo de las semanas, los meses y los años, si es que vamos a cosechar los frutos de una relación profunda e íntima, agradable y atractiva. El llegar a disfrutar de una buena comunicación, emprender juntos diferentes proyectos y compartir una vida espiritual estimulante requiere de trabajo. La excelencia en el matrimonio es posible, pero detrás de una increíble relación siempre existen dos personas que han trabajado intensamente para alcanzar la plenitud que hoy disfrutan.

JUNTOS TE ADORAMOS

∾

Cuando se trata de construir en pareja, la palabra disposición es algo que muchas veces no va de la mano de nuestro trabajo y esfuerzo; podemos hacer, o ceder, sin una buena actitud. Todo comienza con una sana y verdadera disposición de nuestro corazón a querer aprender y construir un hogar feliz que agrade a Dios.

Segunda de Corintios 9:7 dice: «Cada uno dé como propuso en su corazón, no de mala gana ni por obligación, porque Dios ama al que da con alegría» (NBLH).

Dispongan sus corazones para dar, ceder, amar con alegría; es algo que cada uno debe decidir, sabiendo que Dios ama y recompensa al que da con alegría. Decidan trabajar en sus vidas con la ayuda del Espíritu Santo. Es algo diario, constante, pero su recompensa es hermosa y valiosa. Decidan agradar a Dios. Decidan hacer sonreír a Dios con la disposición de sus corazones para trabajar juntamente con la persona que han decidido amar, porque amar es más que un sentimiento; es la decisión de corazones que desean amar y agradar a Dios.

Más que palabras, más que una canción
Más que ilusiones que nunca se dan,
Hoy entrego mi vida como ofrenda, Señor.
Solo quiero agradarte, que sonrías mi Dios;
Que en mi mundo gobierne tu reino de amor.
Desnuda mi alma y mi corazón
Transforma mi cielo que débil yo soy.
Convierte el agua en vino, Jesús
Renueva mis fuerzas con lazos de amor
Captura mis sueños, que en ti descanso hoy.

JUNTOS SEMBRAMOS

cs

1. Renuncien a la mentira de que en la vida algunos matrimonios poseen mayores ventajas que ustedes. Tomen un momento para convertir en suya esta oración:

> *Señor, queremos darte gracias por nuestro matrimonio y la promesa de plenitud que encierra. Declaramos que, en Cristo, hemos recibido todo lo que necesitamos para afrontar cualquier desafío que se nos presenta. Nos volvemos a tomar de tu mano y afianzamos nuestra decisión de trabajar, con tu gracia, para ser una pareja que brilla con tu hermosura.*

2. El buen matrimonio es la suma de pequeños gestos que aportan a la salud de la pareja. Identifica al menos una acción que puedas realizar cada día, que bendiga y edifique la vida de tu cónyuge.

3. Aparten un momento cada semana para orar juntos. Analicen su agenda de compromisos y establezcan un día, un horario y un lugar para esta cita sagrada. Nada enriquece tanto la vida de un matrimonio como el ejercicio de presentarse juntos delante del trono de Dios.

ÍA

2

EL PADRE BUSCA ADORADORES

Nos gustaría [Alex y Nathalia] ayudar a otros a entender que la alabanza y la adoración frente a los desafíos de la vida son el recurso más poderoso, no solamente para el matrimonio, sino para cualquier persona que anhela disfrutar más intensamente a Dios. Nuestra adoración, nuestro deseo de obedecerle y nuestra entrega son las virtudes que nos han ayudado a salir adelante aun en situaciones complicadas.

. . .

Pero la hora viene, y ahora es, cuando los verdaderos adoradores adorarán al Padre en espíritu y en verdad; porque ciertamente a los tales el Padre busca que Lo adoren. Dios es espíritu, y los que Lo adoran deben adorar en espíritu y en verdad.

JUAN 4:23-24 (NBLH)

EN MEDIO DE LA VIDA

Una de las estadísticas tristes que arrojan muchos estudios sobre la vida de los matrimonios en la iglesia es que un altísimo porcentaje de parejas cristianas no comparten una vida espiritual en común. Ambos asisten a las reuniones de la congregación de la que son parte, y cada uno busca, por su lado, la forma de afianzar su relación personal con el Señor. No obstante este compromiso, Cristo pocas veces participa en la vida matrimonial que comparten en común. Con el pasar del tiempo, incluso, se instala cierto elemento de incomodidad frente a temas relacionados con lo espiritual. En lugar de compartir la pareja conversaciones íntimas sobre sus luchas y anhelos para la vida, acaban buscando esa orientación fuera del matrimonio.

Una de las razones por la que esto sucede es que damos por sentado que, por ser los dos creyentes, de alguna manera está garantizado el que nuestro matrimonio sea cristiano. Si examinamos por un instante esta ingenua presuposición, también deberíamos afirmar que una persona se convierte en vehículo por vivir en un garaje, o se transforma en músico por poseer un piano.

No obstante lo obvio de estas afirmaciones, no deja de asombrar la cantidad de parejas que creen que su matrimonio se convertirá en cristiano por el mero hecho de ser los dos creyentes.

El darle espacio al Señor en nuestro matrimonio no solamente es la consecuencia de una decisión consciente y concreta. La verdad es que nuestro Dios se muestra increíblemente respetuoso de nuestras decisiones. Él solamente pasará a ser protagonista de la vida matrimonial si nosotros le extendemos, juntos, esa invitación. Luego, deberemos disponernos a trabajar para crear los espacios necesarios para que esto acontezca.

El comienzo de un cambio se produce cuando incorporamos a nuestras vidas la misma convicción que poseen Alex y Nathalia: que la adoración posee un tremendo poder transformador cuando se practica en medio de los desafíos y las alegrías de cada día. Convierte las situaciones más complejas en momentos en que el Señor puede ministrarnos con su paz, su fortaleza y la gracia necesaria para afrontar los desafíos por delante.

Esta clase de adoración, tal como le señala Jesús a la mujer samaritana, no se restringe a lugares asignados para ese propósito, ni tampoco a horarios específicamente asignados a ella. Afianzados en la certeza de que el Padre busca personas que le adoren en espíritu y verdad (Juan 4:24), la adoración debe convertirse en una forma de vivir. Y el mejor punto de partida es aprovechar las experiencias que la vida cotidiana nos ofrece como un mecanismo ideal para impulsarnos hacia pequeños y reconfortantes momentos de comunión con el Señor.

Un desacuerdo, por ejemplo, puede servir para afirmar que el compromiso que nos une al Señor es mayor que las diferencias que nos separan. Un contratiempo en la economía del hogar puede impulsarnos a volver a declarar nuestra dependencia en la generosa provisión de Dios. Una enfermedad en los niños puede ser ideal para afianzar nuestra confianza en el Dios que sana nuestras dolencias. En cada situación, buscamos la forma de expresar nuestra devoción hacia aquel que nos sustenta, cubre, protege y cuida, en medio de la gran diversidad de situaciones que afrontamos en la vida.

«Cuando el Señor se convierte en el centro de la vida de la familia —señala Nathalia— todo se vuelve más bonito. Cada momento se disfruta al máximo porque percibimos la mano de nuestro buen Padre hasta en los más pequeños detalles».

La adoración, frente a cada situación de la vida, es la respuesta que más contribuye al crecimiento del matrimonio. Mientras juntos buscamos el rostro del Señor, Dios trabaja en nuestros corazones y nos hace cada vez más parecidos a su Hijo Jesús. Con el paso del tiempo, el precioso aroma de su presencia se comienza a percibir, como olor fragante, en medio de la vida cotidiana del hogar.

JUNTOS TE ADORAMOS

La adoración y devoción se convierten en un estilo de vida. No se trata de cantar canciones o asistir a reuniones dominicales. En cada actividad que hacemos, tenemos la gran oportunidad de «escribir una canción» que sea agradable y rinda honor al Señor. Ser un adorador en el hogar, frente a tus hijos o frente a tu cónyuge, es tal vez una de las expresiones más genuinas y naturales que un matrimonio podría tener. No se trata de una canción redactada por un solista; esta canción se escribe diariamente junto a la preciosa orquesta llamada familia. Cada uno tiene parte en esta melodía, y ella nos da la oportunidad, junto con el Espíritu Santo, de ser diariamente un hogar y un matrimonio que adora con sus vidas.

> *Dios, te hago sonreír y te exalto cuando dejo todo*
> *por darle el tiempo y el espacio a mi familia; cuando*
> *hago un stop a lo urgente y me dirijo a lo importante;*
> *cuando callo mis ideas y argumentos, y dispongo*
> *mi corazón para escuchar, con amor, lo que la otra*
> *persona quiere expresarme. Corro las millas extras*
> *por agradarte a ti cuando me niego a mí mismo*
> *para proveer el amor y respeto que cada uno de*
> *ellos necesita.*

JUNTOS SEMBRAMOS

1. Identifiquen tres momentos en su vida cotidiana, en los últimos meses, que se hubieran prestado para una experiencia de adoración compartida. ¿Qué cosas podrían haber hecho para aprovechar mejor esas oportunidades para presentarse juntos delante del trono de la gracia?

2. En el Día 1, establecieron un tiempo en la semana para orar juntos. Ahora, describan la clase de actividades que pueden incorporar a este momento, pero tengan cuidado de no ser demasiado ambiciosos. Es mejor comenzar con algo modesto para ir creciendo con el tiempo. Eliminen la opción de postergar o saltear el encuentro. Juntos declaren su intención de crecer en esta disciplina con la ayuda del Señor.

3. Acostúmbrense al hábito de primeramente buscar al Señor ante cada situación de crisis o alegría que vivan. La meta es que el levantar los ojos al cielo sea tan natural como lavarse las manos o cepillarse los dientes.

MI DIARIO, MI AMIGO

Tengo por costumbre [Nathalia] escribir casi todos los días. Hace muchos años que tengo un diario personal. Yo crecí en un hogar cristiano, por lo que Dios es para mí como mi papá. Así ha sido mi relación con él desde muy pequeña. Entonces, en mi diario anoto mis oraciones, las cartas de amor que le escribo al Señor, los anhelos que tengo para la vida o sencillamente mis conversaciones con Dios.

Cuando pasa el tiempo, miro hacia atrás y puedo ver las maneras en que él ha respondido a mis peticiones y ha obrado en nuestro matrimonio. Eso siempre me estimula a expresarle al Señor mi gratitud.

. . .

El SEÑOR tu Dios te lleva a una buena tierra, con arroyos y lagunas, con fuentes de agua y manantiales que brotan a chorros de los valles y las colinas. Es una tierra de trigo y cebada, de vides, higueras y granadas, de aceite de oliva y miel. Es una tierra donde abunda el alimento y no falta nada. Es una tierra donde el hierro es tan común como las piedras y donde el cobre abunda en las colinas. Cuando hayas comido hasta quedar satisfecho, asegúrate de alabar al SEÑOR tu Dios por la buena tierra que te ha dado.

DEUTERONOMIO 8:7-10

EL VALOR DE LOS RECUERDOS

Una de las dificultades que enfrentamos en nuestra vida espiritual es perder de vista el rumbo que Dios ha trazado para nuestras vidas. Somos un pueblo de camino a una Tierra Prometida, con claros objetivos que guían nuestro peregrinaje. Cuando perdemos de vista nuestra vocación como hijos de Dios, nos distraemos por el camino con aquello que tiene poco valor para nuestro desarrollo espiritual y acabamos derrochando energía en lo que no beneficia.

Moisés fue consciente de cuán fácilmente el pueblo de Dios se desviaba de los caminos del Señor. Durante cuarenta años, había observado cómo, en una gran diversidad de situaciones, perdían su confianza en Dios y se entregaban a las quejas, los reproches y la rebeldía. Por esta razón, el Señor mandó a Moisés a redactar para el pueblo un libro, Deuteronomio, en el que renueva los parámetros del pacto por el que los israelitas habían llegado a ser un reino de sacerdotes, una nación santa (Éxodo 19:6). Vuelve a llamar al pueblo a abandonar los caminos de las naciones que lo rodean, para abrazar, de todo corazón, la vocación de ser el pueblo escogido de Dios.

Para cumplir con esta vocación, era necesario que mantuvieran, con firmeza, el compromiso de cumplir los mandamientos del Señor, caminando con temor delante de él. Las oportunidades para aferrarse a la Palabra se presentaban en el marco de su paso por el desierto: una crisis de liderazgo, un pozo con aguas amargas, la falta de provisiones o un enemigo que amenazaba con arrasarlos. En medio de estas pruebas, Dios les daba, una y otra vez, la oportunidad de abrazarse a él, declarando su confianza en que el Señor que los sacó de Egipto con mano fuerte también los conduciría hasta la Tierra Prometida.

El capítulo ocho de Deuteronomio ofrece un excelente resumen del mensaje completo del libro. Observamos, al leer el texto, que dos exhortaciones se repiten varias veces de diferentes maneras: «recuerda» y «no olvides» (8:2, 11, 14, 15, 18, 19). La reiteración del llamado claramente resalta el peligro al que se enfrentaban los israelitas. Aunque habían sido testigos, como ninguna otra generación, de los increíbles prodigios que Dios había obrado a favor de ellos, igualmente corrían el peligro de olvidar quién los había rescatado. El desconocer el camino recorrido los conduciría, indefectiblemente, a extraviar sus pasos en el presente, pues la conexión con el pasado es la que alimenta y sustenta nuestra confianza mientras caminamos con el Señor.

Una de las formas en que podemos evitar esta tendencia al olvido es llevando un registro de lo que vivimos con el Señor. El concepto de un diario, que tanto ha bendecido a Nathalia, es una disciplina que ha servido a generaciones de santos a lo largo de la historia del pueblo de Dios. Permite asentar, por escrito, aquellos intercambios con Dios que no deben ser olvidados, porque enriquecen la vida y aportan claridad a nuestro andar.

Cuando incorporamos el ejercicio de anotar nuestras

experiencias con Dios, se nos hace más fácil percibir su propósito para nuestras vidas. Comenzamos a ver los patrones que emergen de nuestras interacciones diarias y logramos imprimirle a nuestra relación, como matrimonio, un elemento de intencionalidad. Nuestra percepción de lo que Dios está haciendo en nuestro medio nos permite acompañar estos procesos con actitudes y comportamientos que facilitan la obra que él está realizando.

Un diario también es valioso porque nos permite asumir una actitud expectante en la vida. El salmista declara: «Oh Señor, de mañana oirás mi voz; De mañana presentaré mi oración a Ti, y con ansias esperaré» (Salmo 5:3, NBLH). Sus peticiones no se pierden en el olvido. Más bien, luego de orar, se dispone a ver de qué manera va a responder el Señor a la petición efectuada. Cuando poseemos un registro de nuestras oraciones, podemos trazar, con mucha facilidad, la buena mano de Dios obrando a nuestro favor a lo largo de las semanas, los meses y los años de nuestro peregrinaje juntos.

JUNTOS TE ADORAMOS

Desviarnos del camino a veces parece tan fácil en nuestro peregrinaje. De repente, crees seguir por el GPS que Dios te trazó, y con cambios de rumbo muy leves que haces en tu diario andar, pasa el tiempo y no solamente estás fuera de ese buen camino, sino que te encuentras caminando lejos de la voluntad de Dios. Una de las frases que tengo en mi mente, de manera constante, es: «Vive un día a la vez». Cada día es como si pilotearas tu avión e hicieras un *checklist* revisando que todo esté en orden. Qué bendición saber que no estamos solos y que, en ese trayecto diario, el Espíritu Santo nos acompaña y nos motiva a seguir fielmente en la buena senda.

> *Si acaso se nos olvida y se nos nubla la pasión en nuestra mirada, llévanos al lugar donde todo comenzó: la cruz. Recuérdanos a diario que somos tuyos y que lejos de ti somos como un barco a la deriva. Nos comprometemos a buscar el Norte de tu presencia, que es la que hace palpitar nuestros corazones al ritmo de tu amor.*

JUNTOS SEMBRAMOS

∽

1. Recorran los últimos doce meses de su matrimonio e identifiquen tres momentos en los que la mano de Dios fue claramente visible en sus vidas. Tomen un momento para celebrar su bondad y darle gracias por su fidelidad.

2. Dialoguen acerca de la manera en que podrían mantener un registro de su caminar con Dios. Podrían documentar su andar por medio de una colección de imágenes, o escribiendo en un cuaderno que han destinado para este propósito o dejando registro de estas experiencias en la Biblia que comparte la familia. Lo importante es que el paso del tiempo no les robe la intensidad del impacto que han tenido las diferentes intervenciones del Señor en sus vidas.

3. Consideren la posibilidad de crear un día de acción de gracias. Este es un día en el que la familia se reúne con seres queridos y amigos para celebrar los logros, las victorias y las lecciones aprendidas en el último año. Esta celebración puede cobrar mucha importancia para el matrimonio con el paso de los años, un evento en el que la gratitud es el plato principal del encuentro.

CUANDO DIOS HABLA

Un día, cuando Alex llegó a mi casa [Nathalia], sentí muy fuerte en mi corazón que Dios me confirmaba que él era la persona que tenía para mí. Yo, sin embargo, discutía con Dios: «Yo no lo conozco, Señor. No me gusta. No tengo ni idea de quién es. ¿Cómo tú me vas a decir que esa es la persona que tienes para mí?».

En ese momento, me acerqué a mi madre y le comenté lo que me ocurría. Ella, con mucha sabiduría, me dijo: «Yo también siento eso, pero no te preocupes. Vamos a pedirle a Dios que todo sea en su tiempo. No debes apurarte. Lo que el Señor te está mostrando es para que prepares tu corazón».

. . .

Sométete a Dios y tendrás paz, entonces te irá bien.

JOB 22:21

Él se adelantó un poco más y se inclinó rostro en tierra mientras oraba: «¡Padre mío! Si es posible, que pase de mí esta copa de sufrimiento. Sin embargo, quiero que se haga tu voluntad, no la mía».

MATEO 26:39

LA RESPUESTA NECESARIA

Las historias de cómo llegamos a conocer a nuestra pareja son muy variadas. Algunos se enamoraron perdidamente a primera vista. Para otros, fue un proceso lento y casi imperceptible. En algunos casos, la relación resultó de un encuentro casual, mientras que en otros fue el fruto de una perseverante búsqueda.

Sea cual sea el camino por el que llegamos a conocer a la otra persona, existe un mito que es común a la vasta mayoría de las parejas. Creemos, a ciencia cierta, que si encontramos a la persona que Dios tiene para nosotros, vamos a ahorrarnos muchas dificultades y desilusiones por el camino. El estar casado con la persona correcta es la mejor manera de asegurar una relación armoniosa.

Para algunos, descubrir quién es esa persona resulta tan importante que caemos en una especie de parálisis emocional, asustados de dar un paso en falso. Estamos convencidos de que si nos casamos con la persona «que no era», no habrá quién nos pueda salvar del naufragio. Del mismo modo, cuando llegan momentos de prueba al matrimonio, resultará tentador creer que lo que nos está ocurriendo es producto de habernos casado con «la persona equivocada».

Es bueno recordar que el éxito del matrimonio no descansa sobre el hecho de haber encontrado al compañero o la compañera idónea. La permanencia de la relación descansa sobre otro fundamento, mucho más fuerte que algo tan fortuito como encontrar a la persona indicada. De hecho, muchas culturas construyen relaciones que perduran toda una vida sin que la pareja haya tenido la oportunidad siquiera de conocerse antes de llegar al matrimonio. El ingrediente que hace la diferencia es el compromiso asumido de dejar que el Señor dirija nuestros pasos, sin importar lo que él pueda pedirnos. Cuando este compromiso se mantiene inamovible, aun en situaciones de adversidad, el matrimonio adquiere una firmeza de propósito que no será sacudida por ninguna tormenta.

Nathalia no llegó al matrimonio por el camino del enamoramiento, sino en obediencia a un sentir en el corazón. El hecho de que inmediatamente se le ocurrieron motivos para descartar esa sensación la ubica dentro de esa gran confraternidad de santos que se han resistido inicialmente, con argumentos muy persuasivos, a la revelación de Dios. Se encuentra en compañía de gigantes como Moisés, Gedeón, Jeremías y el apóstol Pedro. Todos ellos presentaron al Señor razones convincentes para demostrar que lo que se proponía era descabellado.

No obstante esta tendencia —muy natural y humana—, todos ellos finalmente optaron por sujetarse a lo que Dios les mostraba. De la misma manera, Nathalia eligió sujetar su espíritu al señorío de Cristo. Imitó el magnífico ejemplo de María cuando el ángel la sorprendió con la noticia de que quedaría embarazada por el poder del Espíritu. Aunque no lograba comprender la verdadera dimensión de este anuncio, no dudó en declarar: «Soy la sierva del Señor. Que se cumpla todo lo que has dicho acerca de mí» (Lucas 1:38). Ese mismo espíritu es el que llevó a Nathalia a también orar: «Señor, haz tu perfecta voluntad en mi vida». En ese pedido, observamos el compromiso de seguir al Señor, aun cuando el corazón pareciera rebelarse contra el camino que él está señalando para nuestras vidas. Cuando escogemos morir a nuestros deseos para hacer lo que él nos pide, su plena bendición se manifiesta a nuestro favor.

Este paso, el de sujetar la voluntad al Señor, será una de las acciones que más contribuirá a la edificación del matrimonio. Nos permitirá escoger el camino de la comprensión en lugar de la confrontación, de la afirmación en lugar de la agresión, del perdón en lugar del rencor, del diálogo en lugar del silencio, del amor en lugar del egoísmo. Podemos estar seguros de que el Señor siempre nos conducirá hacia aquellos espacios donde la vida fluye en abundancia.

JUNTOS TE ADORAMOS

᷈

Me persuade la razón y me nubla el pensamiento,
Quiero hacer tu voluntad y me pierdo sin saberlo.
Son tan sutiles los instantes en ser
sabio en mi entendimiento,
Que procedo en mis caminos creyendo
que son muy buenos.
Hoy me doy cuenta de que me engaña el corazón
y me traicionan las emociones.
Víctima de mi engaño y las mentiras,
soy presa fácil de ser un necio.
Se acaba el amor y renuncio a seguir construyendo.
No hago válido el pacto de amarte
hasta mi último aliento,
Y olvido que el amor es más que un sentimiento.
Mintiéndole a la vida, buscado en uno y mil intentos;
Por eso me rindo a ti, Señor eterno,
Porque en ti encuentro fuerzas,
encuentro guía y entendimiento.
No me sueltes de tu mano y guíame sin
importar cuánto sea el precio.
Quiero amar sin razón, quiero ser tu fiel reflejo.

JUNTOS SEMBRAMOS

∽

1. Identifica un momento en tu vida matrimonial cuando tus emociones te impulsaban a moverte en dirección opuesta a la voluntad de Dios. ¿Cómo resolviste ese dilema? ¿Cómo podrías haber manejado de una mejor manera esa situación? ¿Qué efecto hubiera tenido sobre tu pareja una forma diferente de actuar? Comparte tus reflexiones con tu cónyuge.

2. Tomen un momento para orar y declaren, juntos, que con el Señor pueden sobreponerse a cualquier desafío que les toque enfrentar como matrimonio. Atrévanse a afirmar que la diferencia en el matrimonio no la marca el estar casado con la persona correcta, sino el contar con la asistencia de aquel que nunca nos abandona. Hablen palabras que bendigan a la persona con la que comparten esta aventura de estar casados.

3. Consideren qué acciones pueden realizar que expresan su gratitud por su cónyuge y afirman su compromiso con él o ella. Escojan una de estas acciones y úsenla, al menos una vez por semana, para afirmar el valor de la vida y el cariño que les brinda la persona con la que comparten esta aventura del matrimonio.

LA FAMILIA QUE NUNCA TUVE

Conocer la historia de Alex me impactó mucho [Nathalia], porque su infancia fue muy dura. Yo crecí en un hogar lleno de amor, y no podía entender cómo a alguien le pudiera haber tocado tantos golpes en la vida. Me dolía el corazón porque sentía que sus padres no lo habían protegido como debían haberlo hecho.

Sé que su historia también le afectó mucho a mi familia. Muchas veces, nos reunimos para hablar sobre el tema. Nos unimos para ser un instrumento de restauración en las manos de Dios, un canal de amor para que el Señor obrara sanidad en la vida de Alex.

. . .

Dado que Dios los eligió para que sean su pueblo santo y amado por él, ustedes tienen que vestirse de tierna compasión, bondad, humildad, gentileza y paciencia. Sean comprensivos con las faltas de los demás y perdonen a todo el que los ofenda. Recuerden que el Señor los perdonó a ustedes, así que ustedes deben perdonar a otros. Sobre todo, vístanse de amor, lo cual nos une a todos en perfecta armonía.

COLOSENSES 3:12-14

UN MATRIMONIO, DOS HISTORIAS

Cuando hablamos de matrimonio, solemos hacerlo pensando en las dos personas que lo conforman: un hombre y una mujer unidos por un vínculo de amor. Creemos que ellos pueden construir juntos su aventura matrimonial separados del entorno del cual han salido. La verdad, sin embargo, es que cuando nos casamos, no lo hacemos con un individuo, sino con una familia. Esas familias, con sus aciertos y desaciertos, han marcado las vidas de quienes integran el matrimonio y estarán presentes, muchas veces de manera silenciosa e invisible, en la relación de la pareja.

Es importante entender esto porque los comportamientos, las actitudes y las convicciones de la persona que amamos no se formaron en un vacío; son el producto de una cultura familiar, la manera en que se hacían las cosas en el hogar donde nacieron y crecieron. El impacto de esa forma de vivir se siente aun cuando renegamos de la historia que nos tocó vivir. Muchas de las reacciones que puede tener nuestro cónyuge son la manifestación visible de esas raíces invisibles que lo unen al pasado y a las experiencias que le tocó atravesar.

Cuando Alex y Nathalia comenzaron a salir juntos, ella tuvo la oportunidad de conocer a su familia. «Allí comencé a entender por qué reaccionaba de las maneras que lo hacía. Veía en él mucha inseguridad, mucho temor al compromiso, miedo a volver a ser herido».

Si logramos comprender, como lo hizo Nathalia, que detrás de la persona que amamos existe una historia real, podemos evitar el error de aislar sus comportamientos y creer que son meros caprichos. Podemos ubicarnos en un contexto que ayuda a extenderle a la otra persona una cuota de compasión porque entendemos que ciertos hábitos y comportamientos son el producto de la vida que le tocó vivir. En lugar de abandonar a la otra persona a que resuelva como pueda las particularidades de su personalidad, asumimos el compromiso de ser un instrumento, en las manos de Dios, para ayudarla a sobreponerse a las heridas que ha venido arrastrando por mucho tiempo.

El testimonio de Nathalia muestra con mucha claridad que cuando el Señor la escogió para Alex, él quería regalarle a Alex mucho más que una esposa. «Yo encontré en ellos una familia increíble, súper linda —cuenta Alex—. Vi, mucho, el amor de Dios a través de ellos. Pasaba mucho tiempo con ellos, y la posibilidad de sentirme amado, ser parte de una familia tan especial, fue muy valiosa para mí. Dios suplió por medio de la familia de Nathalia muchos de los faltantes que traía de mi infancia».

Esta obra de restauración en la vida de la persona que amamos se ve grandemente facilitada cuando nosotros nos esforzamos por ubicarnos dentro del contexto del que salió. Asumimos una postura de misericordia hacia sus debilidades y errores porque entendemos que no cuenta con todas las herramientas necesarias para moverse de otra manera en la vida. Del mismo modo, esperamos de nuestro cónyuge un espíritu tierno y compasivo para nuestras propias flaquezas.

Cuando este espíritu de consideración se instala en la relación que comparte el matrimonio, se crea el entorno ideal para la transformación. Aprendemos a vestirnos «de tierna compasión, bondad, humildad, gentileza y paciencia», lo que nos permite ser comprensivos con las faltas de la otra persona y también perdonar sus ofensas (Colosenses 3:12-13). Le extendemos esta cortesía porque es la misma cortesía que Dios nos ha extendido a nosotros, en Cristo Jesús.

JUNTOS TE ADORAMOS

༄

Reflejar a Jesús en nuestras vidas es un reto que se prueba en el diario vivir con los que más cerca están de nosotros. En muchas ocasiones, es más fácil ser amable y compasivo con alguien que acabas de conocer que con los que tienes una relación día a día. Efesios 4:32 indica: «Sean amables unos con otros, sean de buen corazón, y perdónense unos a otros, tal como Dios los ha perdonado a ustedes por medio de Cristo».

Cuando recibimos el perdón, la compasión y la bondad de

Jesús en nuestras vidas, y dejamos que el poder del Espíritu Santo nos haga consciente de esa inmensa gracia, nos resultará más sencillo poder dar de eso mismo que hemos recibido, y más aún, a la persona que hemos prometido amar hasta nuestro último aliento.

JUNTOS SEMBRAMOS

∽

1. Medita sobre situaciones en las que podrías mostrar esa humildad, bondad y compasión con tu cónyuge; analiza en qué oportunidades has faltado al pacto de amar y cuidar con tus acciones y toma un tiempo para que el Espíritu Santo te capacite para poder practicar y reflejar el amor de Dios.

2. Tomen un momento para meditar sobre su familia de origen. ¿Qué comportamientos y costumbres arrastran del hogar del que salieron? ¿De qué manera estos hábitos han complicado su relación como matrimonio? Compartan sus observaciones y tomen un tiempo para orar juntos, el uno por el otro.

3. Afirmen juntos que van a combatir, con todas sus fuerzas, el espíritu de competencia que busca asegurar que en el matrimonio se hagan las cosas «como se hacían en mi casa». La meta no es duplicar el modelo de ningún hogar, sino construir juntos una nueva familia con su propia cultura.

LLAMADO A LA SIEMBRA

Mis padres [Nathalia] acompañaron muy de cerca nuestro noviazgo. Ellos veían las heridas que Alex traía de su familia. Cuando yo lo hablaba con mi madre, ella me decía: «Vamos a sembrar en esta tierra todo lo que más podamos. Es posible que esa siembra requiera muchos años de inversión, pero un día tú vas a ver un arbolito crecer y dar frutos».

Yo creo que ese ha sido el resumen de los años de matrimonio que hemos compartido: la labor de sembrar, una y otra vez. Y esa siembra no ha sido solamente en la vida de Alex, sino también en la de su familia. Tuve que trabajar duro para ganarme el corazón de mi suegra. También en ella pude ver cómo la vida la había condicionado para ser una mujer dura, poco dada a los gestos de amor.

. . .

Los que viven solo para satisfacer los deseos de su propia naturaleza pecaminosa cosecharán, de esa naturaleza, destrucción y muerte; pero los que viven para agradar al Espíritu, del Espíritu, cosecharán vida eterna. Así que no nos cansemos de hacer el bien. A su debido tiempo, cosecharemos numerosas bendiciones si no nos damos por vencidos. Por lo tanto, siempre que tengamos la oportunidad, hagamos el biena todos, en especial a los de la familia de la fe.

GÁLATAS 6:8-10

AMOR QUE PERSEVERA

Cuando Pablo le escribió a la iglesia que estaba en Galacia, debió amonestar con severidad a los hermanos de la congregación. Habían cedido ante las enseñanzas de una corriente judaizante para abrazar un legalismo sofocante que intentaba vivir para Cristo en la fuerza de la carne. El apóstol los llama a recuperar una vida dirigida por el Espíritu, y cierra su carta con una advertencia: «No se dejen engañar: nadie puede burlarse de la justicia de Dios. Siempre se cosecha lo que se siembra» (Gálatas 6:7).

En pocas esferas de la vida se observa este principio tan claramente como en el matrimonio. Cosechamos lo que sembramos. No obstante lo sencillo del principio, nunca deja de asombrarme la cantidad de parejas con las que me encuentro que pretenden cosechar lo que nunca sembraron. Hace unos días, por ejemplo, escuchaba a un marido que le pedía, a gritos, a su esposa: «¡No me grites cuando me hablas!».

La situación, aunque penosa, no deja de tener cierto matiz cómico. ¡Él le pedía a ella que no hiciera lo que él mismo estaba haciendo! Esta es una de las contradicciones con las que debemos muchas veces convivir en el matrimonio. Esperamos de nuestro cónyuge comportamientos y actitudes que no practicamos ni poseemos nosotros. Creemos, erradamente, que la otra persona está obligada a responder a nuestras exigencias, aunque no posea la capacidad para lograr el cambio deseado.

El panorama se complica aún más porque intentamos hacer pasar por expresiones de amor situaciones que son simplemente una extensión de nuestro propio egoísmo. No pensamos en el bien de la otra persona, sino en el beneficio que nuestra acción pueda traer a nuestra vida.

El verdadero amor invierte desinteresadamente en la otra persona, buscando un bien para su vida que no puede alcanzar por sí misma. Es a esta clase de amor que decidió entregar su vida Nathalia (acompañada y animada por su familia). Asumió el compromiso de sembrar en la vida de Alex para que él pudiera recuperar lo que había perdido en los años de conflicto y abuso que sufrió en su hogar de origen.

Quienes conocen algo sobre el trabajo de sembrar la tierra saben que ninguna semilla germina inmediatamente al caer al suelo. Será necesario esperar los tiempos y procesos que imponen las leyes de la naturaleza, hasta que finalmente asome, tímidamente, un pequeño tallo. El mismo será frágil y endeble. Solamente con el paso de las semanas y los meses comenzará a cobrar la fuerza de una planta robusta que soporta las tempestades del clima.

El llamado a sembrar en la vida de nuestra pareja es una de las vocaciones que propone el matrimonio. La perseverancia necesaria para esta tarea requiere que tengamos presente la exhortación de Pablo: «No nos cansemos de hacer el bien. A su debido tiempo, cosecharemos numerosas bendiciones si no nos damos por vencidos» (Gálatas 6:9).

El matrimonio de Alex y Nathalia ha sido grandemente enriquecido por esa tarea lenta y paciente de sembrar en la vida del otro. Con el tiempo, han podido disfrutar de los preciosos frutos que han aparecido como resultado del esmero que pusieron en el proceso de la siembra. Nosotros también podemos armarnos del mismo propósito: sembrar en la vida de los que amamos, para ver cómo florece en ellos un precioso fruto que trae honra y gloria a nuestro Padre celestial.

JUNTOS TE ADORAMOS

∽

No me cansaré de agradecer las caricias de Dios a través de mi esposa. Incansablemente, su amor, sus oraciones y su paciencia, día a día, fueron sanando un corazón lleno de heridas y dolor. Muchas veces preguntamos: ¿dónde está Dios cuando más lo necesitamos? La respuesta, para nosotros los que estamos casados, es simple y asombrosa a su vez: escucho la voz de él al escuchar a mi esposa. Siento sus manos al sentir las caricias de ella. Veo su gracia cuando, en medio de mis errores, me abraza y me perdona. Siento su bondad cuando ella cuidadosamente da de su vida por mis hijos y por mí. ¡Qué gran verdad cuando la palabra de Dios afirma: «El que halla esposa halla algo bueno»!

(Proverbios 18:22, NBLH), pues yo hallé en mi esposa a alguien que no se ha cansado de hacer el bien y de cuidar, día a día, lo que ya hace unos años sembró en mi vida.

Tú puedes ser las manos de Dios... sus pies, sus palabras. Deja que él te use de una forma hermosa en tu relación matrimonial. No es en tus fuerzas; es en el amor y la gracia que adquirimos al humillarnos ante él y reconocer que solos no podemos, que necesitamos que él haga un milagro en nuestros corazones, para ser más como él y menos como nosotros mismos.

JUNTOS SEMBRAMOS

ᶜᵔ

1. Una de las razones por las que impacta tan profundamente la vida de Jesús es que todo lo que él proclama con palabras lo respalda con su ejemplo. Piensa, por un instante, en tu propia vida. ¿En qué aspectos necesitas hablar menos y vivir más? ¿En qué comportamientos y actitudes consideras que puedes ser un ejemplo para tu cónyuge?

2. Identifica un potencial que ves en tu cónyuge. ¿De qué manera puedes invertir para que este potencial alcance su

máxima expresión? ¿Qué cosas requerirá de ti acompañar el proceso de desarrollo? ¿Cómo imaginas que será la bendición alcanzada cuando este proceso esté completo? Comparte tus reflexiones con tu pareja.

NO ES EN MI TIEMPO

Muchas veces durante el noviazgo, Alex parecía dudar de nuestra relación. Yo [Nathalia] percibía que, por lo que le había tocado vivir, le tenía miedo a la idea del matrimonio. Era difícil que él decidiera tomar esta decisión. Por esto, no tenía las actitudes típicas de un novio. Pero el Señor me recordaba que me había llamado a sembrar, con la confianza de que él haría algo en el corazón de Alex. Durante esta etapa, oraba mucho, aferrada a las palabras que Dios me había hablado: «No es en tu tiempo, sino en mi tiempo».

· · ·

No se preocupen por nada; en cambio, oren por todo. Díganle a Dios lo que necesitan y denle gracias por todo lo que él ha hecho. Así experimentarán la paz de Dios, que supera todo lo que podemos entender. La paz de Dios cuidará su corazón y su mente mientras vivan en Cristo Jesús.

FILIPENSES 4:6-7

CONVIVIR CON EL ATRASO

Una de las situaciones más comunes que afecta la vida de un matrimonio es la falta de sincronización en los tiempos de la pareja. Cuando uno de los dos considera que es el momento apropiado para tomar una decisión, la otra persona suele pensar que es apresurado avanzar con esa misma decisión.

La tendencia natural, ante esta realidad, es que la persona que ya ha terminado de elaborar la decisión comience a presionar a la otra para que se una a la decisión tomada. Intenta persuadir, mediante argumentos, agresiones e, incluso, amenazas a la otra persona para que se apropie de las conclusiones a las que ha arribado. En ocasiones, cuando no se logra ninguna clase de avance, suma a amigos y parientes al proceso de presionar al que se muestra reticente a tomar la decisión.

Un ejemplo típico de este problema es el que describe Nathalia en su testimonio. Ella estaba deseosa de avanzar con paso firme hacia el matrimonio, pero Alex aún no se sentía listo para tomar esa decisión. Otro ejemplo lo encontramos en la decisión de buscar tener otro hijo. «La búsqueda de nuestro segundo hijo fue difícil —comenta Nathalia—, porque Alex no quería tener más niños. Su historia personal lo llevaba a pensar que la llegada de un hijo más a la casa sumaría problemas económicos y tornaría más difícil la vida del matrimonio. Alex estaba muy cerrado en este tema y no podíamos hablar de ello».

La falta de unanimidad suele producir mucha frustración; y esta, a su vez, genera conflictos. Estos suceden porque no logramos que coincidan nuestras percepciones del tiempo adecuado para una decisión.

Salomón señala en Eclesiastés que «hay una temporada para todo, un tiempo para cada actividad bajo el cielo» (3:1). Estos tiempos, sin embargo, no siempre marchan a la par de nuestros tiempos. Son tiempos marcados por la soberana voluntad de Dios para el matrimonio. Cuando ejercemos presión sobre la otra persona, lo hacemos porque estamos convencidos de que nuestro tiempo y el tiempo de Dios coinciden perfectamente. La verdad, sin embargo, es que nuestro tiempo raras veces se ajusta a los tiempos del Señor.

La falta de acuerdo nos ofrece una valiosa oportunidad para aprender a esperar, con paciencia, la obra de Dios en la otra persona. Solemos estar obsesionados con la decisión por delante, pero el Señor valora más la actitud de tierna espera que cultivamos hacia nuestro cónyuge antes de tomar esa decisión. Además, debemos tener por cierto que la persona convencida en contra de su voluntad probablemente nos articule, en algún momento, un reclamo. Cuando los desafíos de la vida se intensifiquen, se va a sentir tentada a recordarnos que la obligamos a tomar una decisión para la que no se sentía lista.

Saber respetar y esperar los tiempos del otro nos ofrece una valiosa lección para la vida compartida por el matrimonio. Cuando el amor está teñido de egoísmo, busca la forma de manipular y maniobrar para que las cosas se hagan «como yo quiero». Un amor maduro y desinteresado, sin embargo, entiende que cada persona recorre caminos diferentes para arribar a una decisión. Acepta que algunos requieren más tiempo que otros y, por eso, no se atreve a violentar los caminos necesarios para llegar a una convicción firme y certera. Intenta imitar la actitud que observamos en el Señor, en la imagen que nos ofrece Apocalipsis: «¡Mira! Yo estoy a la puerta y llamo. Si oyes mi voz y abres la puerta, yo entraré y cenaremos juntos como amigos» (3:20). Bien podría entrar el Señor por la fuerza, argumentando que la violencia se justifica porque no existe mejor bien para una persona que la comunión con Jesús. No obstante, opta por un camino de profundo respeto: llama y espera. Es necesario que la persona que vive dentro de la casa escoja, por su propia voluntad, abrir la puerta y extenderle la invitación a pasar. ¡Así es el amor maduro cuando escoge amar como Jesús ama!

JUNTOS TE ADORAMOS

Corramos... Mejor descansemos.
Descansemos... Mejor corramos.
Hace frío... Yo tengo calor.
Vamos al norte... Pero el sur es mejor.

Me gusta el invierno... Prefiero el sol.
Navega conmigo... Volemos mejor.
Renuncio a esforzarme... Imbatible me siento hoy.
Somos tan diferentes. Te necesitamos, oh Dios.

No dejes que tus deseos y sueños opaquen los sueños de la persona que decidiste amar. Recuerda que el amor es negarse a sí mismo para poder lograr el sueño que nuestro cónyuge soñó. Es tiempo de que ambos dejen de preguntarse a sí mismos: «¿Qué es lo que yo quiero?». Es tiempo de preguntar: «¿Qué es lo que tú quieres, Señor?».

Haz una oración hoy en la que puedas expresar tus deseos de ser como él; de no seguir tus propios caminos, sino poder seguir las huellas frescas del Maestro. Es maravilloso cuando vives para agradar a y ser como Jesús; dejarás de vivir para ti, y entonces vivirás para quien dio su vida por ti.

JUNTOS SEMBRAMOS

∽

1. ¿Cuáles son las decisiones importantes que han debido tomar en el matrimonio? ¿En cuáles de ellas experimentaron diferencias en los tiempos para arribar a una decisión? ¿Qué sensaciones te produjeron estas diferencias en los procesos? ¿Qué revelan estas sensaciones acerca de tus propias luchas personales? Comparte tus observaciones con tu cónyuge.

2. Respondan juntos estas preguntas: ¿Qué formas podemos adoptar para trabajar las decisiones que nos toquen afrontar en el futuro? ¿Qué medidas podemos tomar, juntos, para respetar y esperar los procesos que cada uno necesita vivir?

3. El autor de Proverbios nos dice: «Mejor es ser paciente que poderoso; más vale tener control propio que conquistar una ciudad» (16:32). ¿Por qué creen que la paciencia es una virtud tan valiosa para el ser humano? ¿Qué beneficios puede traer a la vida que comparten juntos? Oren juntos, comprometiéndose a crecer en paciencia el uno para el otro.

¡NO ES CONTRA MÍ!

Como mujer sabia [Nathalia] busco no quedarme con la reacción directa que tiene Alex conmigo. Intento ir más allá de las conclusiones típicas a las que solemos arribar las mujeres. No significa que tenga algo en contra mía, ni que ya no me ame. Tampoco indica que soy una mala persona. Debo entender que detrás de esas reacciones existe un mundo muy grande, lleno de heridas, de dolores y de vacíos que producen ciertos tipos de comportamientos.

. . .

Lo más importante de todo es que sigan demostrando profundo amor unos a otros, porque el amor cubre gran cantidad de pecados.

I PEDRO 4:8

OTRA MIRADA

Una de las extraordinarias cualidades que percibo en el ministerio de Jesús es su capacidad de ver más allá de lo que se observa en la superficie. Dos ejemplos ilustran la importancia de poseer una lectura acertada de quién es la persona que tenemos por delante.

La primera ocurre con la mujer que entró a la casa de Simón el fariseo. Aunque el evangelista no nos ofrece mayores detalles acerca de su vida, incluye el detalle de que era una pecadora (Lucas 7:37, NBLH). La mayoría de los comentaristas coinciden en que esta es una alusión al hecho de que era una prostituta.

Su presencia en la casa del fariseo despertó en él un espíritu de censura, no solamente hacia la mujer, sino también hacia Cristo. Cuando Jesús habló sobre las acciones de ella, sin embargo, escogió emplear la palabra «mujer» en lugar de pecadora (7:44). Esta no es una sencilla cuestión de semántica, sino un reflejo de la forma en que escogemos mirar a los que están a nuestro alrededor. Jesús claramente veía a una mujer atrapada en el pecado, y esa visión lo motivó a extenderle compasión. Simón, en cambio, solamente veía a una pecadora digna de condenación, que había ofendido sus sensibilidades al entrar a su casa.

El segundo caso es el de la mujer que, según el relato del Evangelio, «fue sorprendida en el acto de adulterio» (Juan 8:4). En esta escena se dan todos los elementos para una severa represión por parte de Cristo, pues no existía atenuante que pudiera justificar semejante infidelidad por parte de ella. Los fariseos, ansiosos por lograr que Cristo se alineara con su inmisericorde legalismo, esperaban de Jesús una palabra de acusación. Él, sin embargo, sorprendió a todos cuando descartó el lenguaje del reproche. A la mujer le dijo que no la condenaba, aunque la amonestaba a no volver por el camino del pecado (8:11).

La compasión de Cristo, en estas y tantas otras escenas en los Evangelios, nace de la capacidad de ver los corazones de las personas, de entender el entorno del cual salen y la razón por la que se encuentran en el lugar donde están. Esos datos permiten que despliegue una actitud de bondadosa ternura distinta a la de los fariseos y saduceos, que solamente expresaban censura y condenación.

Es por este mismo camino que intenta caminar Nathalia. Trabaja para lograr uno de los desafíos más difíciles de conquistar en el ámbito del matrimonio: separar la ofensa de la persona que ofende. La ofensa puede ser objetada, pero nunca debemos rechazar a la persona que ofende. En ocasiones, el lenguaje y comportamiento ofensivos son formas de comunicación que nunca han sido corregidas. Es posible que la otra persona simplemente imite la manera en que se expresaban sus padres o sus parientes. En otras quizás sus reacciones se vean exacerbadas por circunstancias difíciles que atraviesa en el momento del descuido.

Sea cual sea la razón, para nosotros el gran desafío es tomarnos un momento para recordar que no todo lo que ocurre en situaciones de conflicto necesariamente está relacionado con nuestras propias vidas. En ocasiones, nos juegan malas pasadas el cansancio, el fastidio o la falta de paciencia. Con el tiempo, podemos aprender a comunicarnos de una manera más amorosa y considerada. Lo que no debe ponerse jamás en tela de juicio es el compromiso que existe de amarnos en toda circunstancia y en todo tiempo. Mi cónyuge debe saber que, aun cuando mis sensibilidades han sido heridas, mi amor hacia él/ella sigue tan fuerte como siempre porque así es, también, el compromiso de nuestro buen Padre celestial con nosotros.

JUNTOS TE ADORAMOS

Que no sea mi mirada acusadora ni mis pensamientos personales los que miren a través de mis ojos; que no sea mi dolor respondiendo a la necesidad de mostrar amor y misericordia; que no sean mis palabras limitadas y pulsantes las que dejen de pronunciar tu gracia y tu favor. Déjame ser tu voz, tu mirada, tus manos. Que mi vida sea un instrumento donde tú, Señor, puedas restaurar, perdonar y dar nuevas oportunidades: oportunidades que encontramos en el sacrificio que hiciste en la cruz del Calvario por cada uno de nosotros. Hoy yo quiero ser una extensión de tu amor, de tu verdad. Permíteme cada día morir a mi yo y ser más como tú; ver a las personas a través de tus ojos, a través del lente de tu misericordia. Que no sea yo, sino tú a través de mí.

*Hoy clamo a ti, Dios, porque se me acaba el
amor, y mi humanidad me lleva a ver las cosas que
están frente a mí; me duele el corazón, y me lleno de
argumentos para no seguir. Pero tú, mi Dios, eres el
que me renueva y me recuerda cuánta misericordia
has tenido conmigo. Permíteme hoy ser un agente de
cambio, construir sobre heridas sanadas y ver nuevas
generaciones.*

JUNTOS SEMBRAMOS

1. Mediten juntos sobre estas preguntas: ¿Cuáles son las maneras en que normalmente respondemos a situaciones que nos ofenden o lastiman? ¿Qué resultados produce esta clase de reacciones? ¿Cuáles podrían ser nuevas estrategias para manejar potenciales situaciones de conflicto?

2. Lean juntos el texto de Hebreos 4:14-16. Intenten responder a las siguientes preguntas: ¿Cuáles son las razones que da el autor para aferrarnos a lo que creemos? ¿Qué importancia tiene el saber que Cristo enfrentó las mismas debilidades que nosotros? ¿Qué podemos hacer nosotros para imitar su ejemplo y extender gracia y misericordia el uno al otro?

¿QUÉ PUEDO DAR?

Muchas veces, las personas buscan a la persona ideal: que sea considerada, que te atienda, que te sirva, que tenga una buena profesión y te provea de un buen bienestar. Sin embargo, creo [Nathalia] que en Dios debemos procurar relacionarnos con una persona a la que podamos bendecir. Debemos anhelar ser una herramienta, en las manos del Señor, para levantar, para servir, para ayudar. No debo preguntarme qué me ofrece el otro, sino preguntarme qué puedo yo ofrecerle al otro.

. . .

Es mejor ser dos que uno, porque ambos pueden ayudarse mutuamente a lograr el éxito. Si uno cae, el otro puede darle la mano y ayudarlo; pero el que cae y está solo, ese sí que está en problemas. Del mismo modo, si dos personas se recuestan juntas, pueden brindarse calor mutuamente; pero ¿cómo hace uno solo para entrar en calor? Alguien que está solo puede ser atacado y vencido, pero si son dos, se ponen de espalda con espalda y vencen; mejor todavía si son tres, porque una cuerda triple no se corta fácilmente.

ECLESIASTÉS 4:9-12

UNA ÓPTICA MÁS SANA

Todos emprendemos la aventura del matrimonio con mucho entusiasmo y grandes expectativas. Es una experiencia con la que hemos soñado por años. Hemos formado, a lo largo de los años, una idea de cómo será la vida compartida con la persona que más amamos. Llegamos a la ceremonia de bodas convencidos de que no experimentaremos las dificultades que otros han experimentado porque estamos absolutamente seguros de la profundidad del amor que tenemos el uno por el otro.

Aunque la idea de haberse casado por amor es algo de lo cual todos estamos convencidos, la realidad es diferente. La gran mayoría de nosotros nos casamos motivados por un amor que contiene una gran cuota de egoísmo. Más que estar enamorados de la otra persona, estamos enamorados de las sensaciones que nos produce estar con ella. De allí que nuestros primeros pasos en el matrimonio esperan encontrar la forma de perpetuar esas sensaciones. Con el tiempo, sin embargo, comienzan a asomar aspectos de la vida de la otra persona que, hasta este momento, no habíamos visto, o no queríamos ver. En una cultura gobernada por la exigencia de nuestros derechos, consideramos que la pérdida de las sensaciones de amor indica, de alguna manera, que la otra persona ha dejado de darnos algo que nos pertenece.

Resulta muy difícil construir una relación que perdure a

lo largo de los años cuando nuestras propias necesidades se convierten en el centro de todo lo que hacemos. Qué diferente es la relación, sin embargo, cuando la construimos alrededor de la pregunta que se hizo Nathalia al emprender la aventura del matrimonio. «Alex había recibido muy poco de lo que se requiere para ser un buen esposo o un buen papá —explica—. Otra persona quizás hubiera dicho: "Con esa herencia, ¿qué me puede dar él a mí?". Y la verdad es que no había mucho que esperar de él. Pero el amor de Dios es el que se describe en 1 Corintios 13: "Nunca se da por vencido, jamás pierde la fe, siempre tiene esperanzas y se mantiene firme en toda circunstancia" (13:7), y esa es la clase de amor que quiero practicar».

Imaginemos cómo una situación típica en el matrimonio podría variar si se introduce esta perspectiva. Alex llega cansado a casa, después de una gira. Lo único a que aspira es descansar. Nathalia, sin embargo, también está cansada. Durante la ausencia de su marido ella se ha ocupado de administrar el hogar y cubrir las necesidades de los niños. Ella también anhela un momento para poder relajarse y descansar. Si ambos se enfocan solamente en lo que cada uno desea, seguramente va a suscitar alguna situación de conflicto porque ambos exigirán que sus propias necesidades sean atendidas.

La situación podría ser completamente diferente si, antes de que se vuelvan a encontrar, ambos oraran de la siguiente manera: «Señor, estamos por volver a encontrarnos luego de una ausencia. Muéstrame de qué manera puedo yo traer bendición y renuevo a la vida de mi cónyuge». Cuando se produzca el encuentro, ambos se mostrarán solícitos por atender al otro. Los intercambios resultantes seguramente aportarán a que trabajen juntos para que los dos, en algún momento, puedan disfrutar de un momento de descanso.

La diferencia se encuentra en la forma en que miramos a la persona con quien compartimos nuestra vida. Cuando nuestro deseo es buscar el bien del otro, la felicidad de la otra persona acaba siendo también nuestra felicidad. Su bendición es, también, nuestra bendición.

JUNTOS TE ADORAMOS

❧

Hoy encuentro mi felicidad no en las cosas que soñé y deseé, sino en tu amor y en tu entrega: un amor que no busca lo suyo, que no pretende convertirme en el señuelo de sus deseos y exigencias, sino que, dando todo de sí, me enseña que amar es más que devengar y exigir. Me enseñas, a través de tu vida llena de detalles y sacrificios, que el amor es más que puntos en un contrato, más que emociones y sentimientos; es el arte de servir y no ser servidos; es la destreza sabia de entregarnos sin pretender intereses personales; no caduca, no expira, ya que amar es una decisión eterna que entendemos que no se lleva a la fuerza, sino que es llevada a través de cada día buscando ser más como Jesús, aquel que vino para servir y no ser servido.

JUNTOS SEMBRAMOS

∾

1. Comparte esta pregunta con tu cónyuge: ¿Cómo puedo aprender a ser más sensible a tus necesidades?

2. Piensa en un gesto o alguna acción que puedas realizar esta semana que tenga como objetivo simplemente alegrarle el corazón a tu pareja. ¿Qué necesitas hacer para convertir esta acción en realidad? Planifica los pasos que debes dar para lograrlo y convierte en realidad tu intención.

3. Considera estas preguntas: ¿De qué manera puedo comunicar efectivamente mis necesidades a mi cónyuge? Recuerda que debes considerar la forma en que te expresas, el momento que escoges para hacerlo y el tono de voz con que te comunicas.

¡NUNCA MÁS!

De joven [Alex], conocí a una muchacha muy humilde, con la misma carencia de recursos que yo padecía. Me enamoré de ella y comencé a cortejarla. Fue la primera relación seria que lograba con una mujer. Estaba convencido de que ella, algún día, sería mi esposa.

Luego de casi tres años, tuvimos una diferencia y yo decidí cortar con la relación. Al día siguiente, sin embargo, la llamé para pedirle perdón. Le lloré y le dije que no quería perder esa relación, pero ella me desarmó con una frase muy dura: «Alex, yo he disfrutado salir contigo, pero la verdad es que no te amo».

Esa frase me golpeó tan fuerte que hice un voto a Dios: «Esto de ser romántico con una mujer no funciona. *Nunca más* voy a escribirle una poesía ni dedicarle una canción a una mujer. Aquí muere el Alex Campos romántico y tierno».

. . .

No hagas promesas a la ligera y no te apresures a
presentar tus asuntos delante de Dios. Después de todo,
Dios está en el cielo, y tú estás aquí en la tierra.
Por lo tanto, que sean pocas tus palabras.

ECLESIASTÉS 5:2

MÁS QUE PALABRAS

Las palabras que salen de nuestra boca poseen más poder de lo que percibimos. El autor de Proverbios nos dice que «la lengua puede traer vida o muerte; los que hablan mucho cosecharán las consecuencias» (18:21). Del mismo modo, Santiago señala: «La lengua es un miembro pequeño, y *sin embargo*, se jacta de grandes cosas. ¡Pues qué gran bosque se incendia con tan pequeño fuego!» (3:5, NBLH).

Cuando nuestras pasiones se alteran, como le sucedió a Alex frente a una situación de gran angustia, resulta tentador adoptar posturas extremistas. En esos momentos de tensión, solemos echar mano de esos pequeños adverbios que no aportan a la buena comunicación: «nunca», «nada», «todo», «siempre». Más bien, tienden a confundirla porque expresan extremos que rara vez coinciden con la realidad. Cuando los ánimos están alterados se requiere de muy poco esfuerzo para pronunciar votos tales como el que Alex pronunció en aquella oportunidad: «*Nunca más* voy a escribirle una poesía ni dedicarle una canción a una mujer».

Podríamos justificar una declaración tan tajante aduciendo que «estas son cosas que se dicen en el calor del momento, pero no tienen ninguna importancia». Si nos guiamos por lo que señala el autor de Proverbios, sin embargo, debemos entender que esta no es simplemente una cuestión de palabras. Estas declaraciones, aun cuando sean el fruto de una emoción momentánea, pueden afectar dramáticamente el rumbo de nuestras vidas. De hecho, Jesús resaltó el peso eterno de los dichos de nuestra boca, cuando dijo: En «el día del juicio, tendrán que dar cuenta de toda palabra inútil que hayan dicho» (Mateo 12:36).

Es bueno, entonces, que tomemos un momento para revisar nuestra historia, de la mano del Señor, para ver si existen en nuestro pasado votos que condicionan nuestro comportamiento en el presente. Quizás hayamos jurado no volver a confiar jamás en alguien, o hayamos prometido nunca más abrir nuestro corazón. Es posible que nos hayamos comprometido a nunca hacer lo que nos hicieron a nosotros. Sea cual sea la expresión de ese voto, debe ser desactivado, tal como instruye la Palabra: «Supongamos que haces un voto imprudente de cualquier clase, ya sea su propósito bueno o malo. Cuando te des cuenta de la necedad del voto, debes admitir tu culpabilidad» (Levítico 5:4).

El próximo paso es asumir un compromiso, delante del Señor y de mi cónyuge, de no emplear el lenguaje del voto, ni siquiera para expresar buenos deseos. No puedes jurar, por ejemplo, que nunca dejarás de amar a la otra persona, porque no posees la capacidad de cumplir esa promesa. Solamente la gracia de Dios nos permitirá seguir firmes en nuestras convicciones. Resulta mucho más productivo, entonces, que nuestro lenguaje refleje el consejo del Señor: «Simplemente di: "Sí, lo haré" o "No, no lo haré". Cualquier otra cosa proviene del maligno» (Mateo 5:37).

Busquemos la forma de limpiar nuestra relación, como matrimonio, de toda atadura que pueda resultar de promesas apresuradas que hayamos hecho en el pasado. Tomémonos de la mano del Señor y renovemos nuestro voto de caminar en amor, con él, todos los días de nuestras vidas. Esa es la clase de voto que debe existir en nuestro matrimonio.

JUNTOS TE ADORAMOS

Por muchos años, renuncié a ser liberado de muchas de mis declaraciones, negándome el poder disfrutar de las bendiciones que Dios quería traer a mi vida. Atamos nuestro ser a una serie de declaraciones que desencadenan tanto dolor y resentimiento, que necesitamos urgentemente la mano restauradora de Dios. Mi esposa fue el instrumento que Dios usó para romper con aquellas declaraciones que años atrás había hecho con tanto fervor.

Son nuestras palabras las que nos condenan y nos encierran en un laberinto sin fin. Son nuestros sentimientos volátiles los que nos hacen refugiarnos en el dolor y la condena de que jamás volveremos a amar o a perdonar. Por eso, hoy prefiero declarar, aun con mayor fervor y pasión, que renuncio a mis emociones para vivir tras la verdad y el amor que encuentro en su Palabra, la cual nos trae vida y libertad. Libertad para amar y ser el hombre o la mujer que él desea que seamos.

JUNTOS SEMBRAMOS

∽

1. Asuman juntos el compromiso de evitar el uso de esos cuatro adverbios que exageran la gravedad de lo que intentamos comunicar: «nunca», «nada», «todo», «siempre». Es más honesto, por ejemplo, decir que a veces nos sentimos ignorados, que acusar a la otra persona diciendo: «¡Siempre me ignoras!».

2. Recorre tu historia personal e identifica momentos en tu vida en los que puedes haber incurrido en el error de hacer votos innecesarios. Comparte tu experiencia con tu cónyuge. Oren juntos para desactivar y neutralizar cualquier promesa que pueda seguir gobernando tu comportamiento en el presente.

3. Confiesen, juntos, su incapacidad de corregir el rumbo de sus vidas. Toda transformación se logra de la mano del Señor, y es solamente con su ayuda que lograrán dejar atrás los dolores y las angustias del pasado.

ROMEO DESINFLADO

Cuando comencé [Alex] a salir con Nathalia, manejé todo de otra manera. Yo sabía cómo había sido antes, y ahora me encontraba irreconocible. No le daba ninguna importancia a los detalles y era muy poco expresivo. Nathalia, en cambio, estaba en todos los detalles. Me escribía cartas y me hacía regalos especiales, como una toalla que había bordado a mano. Yo sentía sus caricias en esos obsequios, y el hecho de que cocinara solamente para mí era algo que me tocaba mucho el corazón.

Ella, con sus gestos, comenzó una siembra en una tierra que era muy dura. Nuestras declaraciones son fuertes, cuando uno las hace con el alma y el corazón, y las sella con convicción. ¡Nathalia estaba sembrando sobre piedras!

· · ·

*Digo, pues: anden por el Espíritu, y no cumplirán
el deseo de la carne. Porque el deseo de la carne es contra
el Espíritu, y el del Espíritu es contra la carne, pues
éstos se oponen el uno al otro, de manera que ustedes
no pueden hacer lo que deseen. Pero si son guiados
por el Espíritu, no están bajo la Ley.*

GÁLATAS 5:16-18 (NBLH)

QUIERO, PERO NO PUEDO

En momentos de sinceridad, podemos mirar nuestras vidas e identificar comportamientos y actitudes que no nos gustan. Por lo general, nuestro orgullo, ese amo implacable con quien debemos convivir, nos impulsa a querer defender esas conductas delante de los demás. Cuando estamos a solas con nuestra alma, sin embargo, nos lamentamos por esos aspectos de nuestras vidas que no honran al Señor.

Alex experimentaba esta clase de tormento. Percibía que la cara que le mostraba a Nathalia no era su verdadero rostro, pero la promesa a la que se había atado y las experiencias vividas habían condicionado de tal manera su comportamiento que Nathalia sufría las consecuencias.

El que podamos identificar lo que no funciona en nuestras vidas es un importante primer paso. Solemos creer que, si ayudamos a la otra persona a identificar lo que está mal en su vida automáticamente se producirá un cambio. Cuando esto no sucede, nos entregamos al reproche. «Si le estoy diciendo que no me gusta lo que hace —señalamos con fastidio—, ¿por qué lo sigue haciendo?». Creemos, ingenuamente, que la otra persona no cambia sencillamente porque no dispone su corazón a hacerlo.

Percibir las áreas donde necesitamos un cambio es apenas el primer paso en un proceso de transformación. Modificar esas actitudes y esos comportamientos es más complejo. Nuestros mejores esfuerzos por caminar en una dirección diferente a la que venimos transitando, muchas veces acaban sumando frustración a la situación. La razón es clara: la carne no posee los recursos para modificarse a sí misma.

El apóstol Pablo advierte acerca de estas limitaciones cuando declara que «la naturaleza pecaminosa es enemiga de Dios siempre. Nunca obedeció las leyes de Dios y jamás lo hará. Por eso, los que todavía viven bajo el dominio de la naturaleza pecaminosa nunca pueden agradar a Dios» (Romanos 8:7-8).

Nos cuesta aceptar esta realidad porque tendemos a creer que si la meta de nuestro esfuerzo es agradar a Dios, entonces cualquier camino que recorramos contará con su bendición. El apóstol, sin embargo, no admite excepciones. Los esfuerzos humanos por vivir vidas agradables ante Dios «podrán parecer sabi[os] porque exigen una gran devoción, una religiosa abnegación y una severa disciplina corporal; pero a una persona no le ofrecen ninguna ayuda para vencer sus malos deseos» (Colosenses 2:23). El camino hacia la transformación claramente corre por otros carriles.

El cambio procede de un elemento que le asesta un golpe mortal al individualismo y la independencia que tanto valoramos como seres humanos: una relación con alguien que encarna, para nosotros, otra forma de vivir. En el caso de Alex, Nathalia comenzó a mostrar, con su ejemplo, de qué manera se puede vivir con consideración y bondad hacia el otro.

Ese ejemplo solamente impacta nuestras vidas cuando hemos reconocido que nuestro comportamiento no es el apropiado, y nos disponemos a ser enseñados. Mientras insistamos en seguir defendiendo hábitos que en lo secreto del corazón reconocemos como incorrectos, no avanzaremos por el camino de la transformación. Una vez confesada nuestra incapacidad, sin embargo, el Señor puede comenzar su obra de regeneración en nuestros corazones. Y es en esas instancias que nos encontramos con una de las más maravillosas bendiciones que posee el matrimonio. Podemos ser canales de bendición para la persona que amamos cuando nos entregamos a ella de todo corazón, dejando de lado los reproches y los reclamos. Mientras caminamos juntos en amor, el Señor obra en medio de nosotros y nos asombra con los cambios que trae a nuestras vidas.

Para que esto suceda, debemos recordar en todo momento que el cambio es un proceso. Requiere un espíritu de paciente perseverancia, la disposición de seguir sembrando aun cuando todavía no se ve ningún fruto. El Señor, que no es deudor de nadie, recompensará nuestro compromiso de amor por el matrimonio.

JUNTOS TE ADORAMOS

Contrito y humillado está mi corazón delante de ti, reconociendo que te necesito; que sin ti no tengo las fuerzas para cambiar.

*Ya no vivo yo, sino tú en mí, en la perseverancia
de caminar.*

*Mi vida será una adoración a ti en todo lo
que haga.*

*Sembraré en fe, creyendo que en mi hermoso jardín
dará fruto toda semilla regada con amor y
paciencia.*

*Me deleitaré en verte reflejado en la persona de
mi esposa(o).*

*Aprenderé a menguar, para que ese amor se vea
de igual forma reflejado en mí. Seré el fruto de tu
siembra y de tus oraciones.*

*Tú serás la poesía que diariamente seguiré
escribiendo con el pincel y la tinta de un amor que
se ancla en la voluntad de Dios.*

JUNTOS SEMBRAMOS

∾

1. Toma un momento para aquietar tu corazón delante del Señor. Piensa en lo que has vivido en el marco del matrimonio hasta este momento. ¿Cuáles son los hábitos que se repiten con el paso del tiempo? ¿En qué áreas de tu vida sientes que se han frustrado tus intentos por lograr

cambios? Imita el ejemplo del hijo pródigo y acércate al Padre para confesar tu necesidad. No le indiques lo que debe hacer para ayudarte. Sencillamente confiesa tu necesidad y dale la libertad para que él te conduzca por el camino que desee.

2. Renuncia a la tentación de argumentar, justificar o defender comportamientos que sabes, en tu corazón, deben cambiar. Sorprende a tu cónyuge asumiendo la responsabilidad por esta situación y pídele que te acompañe en el proceso de buscar transformación. Aprovecha la oportunidad para pedirle perdón por aquello que puede haber sido motivo de dolor o angustia. Explícale de qué manera puede ser de bendición para ti en este desafío.

3. Declara al Señor tu confianza en su obra en tu vida. Anímate a hacer tuyas las palabras del salmista: «¿Por qué estoy desanimado? ¿Por qué está tan triste mi corazón? ¡Pondré mi esperanza en Dios! Nuevamente lo alabaré, ¡mi Salvador y mi Dios!» (Salmo 42:5-6).

GOLPE A LA FE

Durante el noviazgo [cuenta Nathalia] a Alex le diagnosticaron unos tumores en la garganta. Él ya estaba sirviendo por medio de la música, y su ministerio era reconocido.

Dios me había dado [cuenta Alex] muchas promesas con respecto a ese ministerio. Me había mostrado que mis canciones serían oídas en las naciones y que iba a ser punta de lanza en Colombia, para que se levantaran otros músicos para bendecir a la iglesia.

Luego de grabar el primer disco y ver la manera en que se comenzaban a cumplir esas promesas, me llegó el diagnóstico de la enfermedad.

Fue un momento difícil para nosotros [cuenta Nathalia]. Pero a pesar de la prueba, fue muy especial poder estar a su lado y acompañarlo en medio de esa tormenta. Él estaba muy solo, y yo pude ser la compañera que necesitaba.

· · ·

Nos alegramos al enfrentar pruebas y dificultades porque sabemos que nos ayudan a desarrollar resistencia. Y la resistencia desarrolla firmeza de carácter, y el carácter fortalece nuestra esperanza segura de salvación. [...] Pues sabemos con cuánta ternura nos ama Dios, porque nos ha dado el Espíritu Santo para llenar nuestro corazón con su amor.

ROMANOS 5:3-5

NADA EXTRAÑO

Cuando emprendemos la hermosa aventura que propone el matrimonio, lo hacemos con cierto grado de inocencia. Imaginamos que estar casados poseerá la misma fascinación y el mismo encanto que experimentamos en el noviazgo. Aunque sabemos que existe la posibilidad de atravesar tiempos de prueba, resulta difícil entender cuánto pueden afectar la relación las diferentes adversidades que nos llegan por el camino.

A pesar de que se ha hecho popular un concepto del cristianismo que desconoce el lugar de las pruebas en la vida de los santos, la verdad es que a todos, sin excepción, nos tocará atravesar por momentos difíciles. Las pruebas pueden llegar por el camino de la salud, como en el caso de Alex, por la vía de la economía, por situaciones que afectan la vida de los hijos o aun por causa de una calamidad inesperada. Sea cual sea la naturaleza de la adversidad, el apóstol Pedro nos anima: «Queridos amigos, no se sorprendan de las pruebas de fuego por las que están atravesando, como si algo extraño les sucediera» (1 Pedro 4:12).

En el marco del matrimonio, las pruebas, que son normales, pueden provocar dos clases de respuestas. La primera es que nos dividamos y perdamos valioso tiempo buscando responsabilizar a nuestro cónyuge de la situación. Nos vamos en acusaciones el uno contra el otro, y acabamos erosionando el cimiento de la confianza que debe existir en la pareja. Estas maniobras no solamente desgastan la relación, sino que también nos alejan de la posibilidad de encontrar una solución, pues estamos demasiado ocupados defendiéndonos de los ataques del otro.

La otra opción es que la prueba sirva para afianzar aún más nuestra relación. Decidimos hacerle frente a la adversidad juntos. Nos proponemos no permitir que nada dañe la armonía y el compromiso que existe entre nosotros. Sin importar de quién sea el problema, asumimos que toda dificultad que confronte el matrimonio es una invitación a que respondamos juntos a esa situación.

Alex y Nathalia decidieron hacerle frente juntos a la prueba que les tocaba atravesar, a pesar de que el problema afectaba puntualmente la vida de Alex. No obstante, entendieron que el Señor les proveía una valiosa oportunidad para afianzar su confianza en él. «Tuvimos que aferrarnos a las promesas del Señor a pesar de que todo parecía perdido —dice Alex—. Me sentí muy identificado con Abraham en ese tiempo, pues también parecía que lo iba a perder todo. Nathalia fue la herramienta que Dios proveyó para ayudarme a atravesar ese momento».

«Muchas veces, lo vi desanimado, hundido en la tristeza —recuerda Nathalia—. Para mí, verlo así no fue fácil. Orábamos juntos, le recordaba las promesas que Dios nos había dado y lo animaba a no bajar los brazos. Poder ser el canal para el amor de Dios en su vida a mí me permitió crecer mucho como mujer».

Las pruebas son parte normal de la vida del matrimonio. Atravesamos, a cada momento, situaciones inesperadas que ejercen presión sobre la armonía y la integridad de nuestra relación. Cada pareja deberá decidir de qué manera responderá a las dificultades que aparezcan en el camino. Las pruebas bien vividas pueden convertirse en el elemento que más aporta a que el amor de la pareja alcance nuevos niveles de profundidad y madurez. El resultado no lo decide la magnitud de la prueba, sino la postura que haya asumido el matrimonio. Cuando transitamos por la vida tomados de la mano, aun las tormentas más severas producen un fruto precioso que perdura en el tiempo.

JUNTOS TE ADORAMOS

⁓

¡Qué increíble saber que estuviste, estás y estarás tomada de mi mano en medio de los desafíos que nos presenta la vida! Sé que no podremos hacerles el quite a muchos de ellos y que tendremos que afrontar desafíos que tal vez atenten contra nuestro

amor, pero nos aferraremos aún más fuerte de
nuestras manos. Si habremos de naufragar para
conocer nuevos mares, lo haremos juntos; si nuestro
barco encalla en la orilla, será para que juntos
caminemos por la playa; si tendremos que soportar
tormentas inesperadas, las afrontaremos estando
juntos: es mejor dos que uno. Nuestra esperanza y
nuestra fe se depositan en que no estamos solos los
dos: la presencia de Dios está con nosotros; su guía,
su norte y su sabiduría nos infundirán el aliento
cuando más los necesitemos.

Hoy, escribiendo este devocional, cumplimos catorce años de aniversario. Junto con esta bendita mujercita, nos embarcamos en la hermosa y desafiante aventura llamada matrimonio. Cruzaremos por bellos parajes e inesperadas tempestades, pero nuestra fe está puesta en Dios. Sé que cruzaremos al otro lado del mar.

Gracias por catorce años de amor, paciencia, entrega y perdón. Como te escribí en una canción, te quiero pedir hoy y mañana: «Enséñame a amar».

JUNTOS SEMBRAMOS

1. Identifiquen una situación difícil que les ha tocado como matrimonio. ¿Cuál fue la forma en que respondieron a esta prueba? ¿Qué lecciones aprendieron de esta experiencia? Si tuvieran que transitar otra vez por una situación similar, ¿qué cosas volverían a hacer de la misma manera y que cosas harían distinto? Compartan sus reflexiones.

2. Lean otra vez el texto bíblico que acompaña este devocional. Tomen un momento para orar y denle gracias a Dios por la esperanza que los sostiene en medio de las pruebas. Afirmen su intención de caminar juntos a través de las situaciones difíciles que les pueda tocar atravesar en el futuro.

PEQUEÑOS DETALLES

Yo [Alex] creo que los pequeños detalles, que son del corazón, son los que afianzan el amor para toda una vida. En cierta ocasión, Nathalia hizo algo que me llamó mucho la atención. Yo había terminado un concierto y estaba rodeado de mucha gente que quería compartir unos minutos conmigo y poder estrechar un abrazo. La multitud de personas y el calor de aquel lugar hicieron que las gotas de sudor fueran inevitables.

En cierto momento, sentí que alguien se acercó y me pasó un pañuelo por el rostro, secándome el sudor. Me sorprendí, porque nunca alguien había hecho algo así conmigo. Cuando me volteé, vi que era Nathalia, que había mostrado su preocupación por mí con un gesto muy práctico.

En ese mismo instante, sentí que el Señor me decía: «Ella es la mujer que va a estar a tu lado, acompañándote en el ministerio que te he confiado».

. . .

Ustedes saben lo que ocurrió en toda Judea, comenzando desde Galilea, después del bautismo que Juan predicó, cómo Dios ungió a Jesús de Nazaret con el Espíritu Santo y con poder, el cual anduvo haciendo bien y sanando a todos los oprimidos por el diablo; porque Dios estaba con Él.

HECHOS 10:37-38 (NBLH)

SUMAR, CADA DÍA

Cuando Pedro se propuso explicarle a Cornelio el mensaje de la Buena Noticia, resumió el ministerio del Hijo de Dios en la tierra con una preciosa frase: «Jesús anduvo haciendo el bien» (Hechos 10:38). Esas cinco palabras describen una multitud de acciones —sanar, liberar, animar, tocar, levantar, alimentar, consolar— que tuvieron como objetivo revelarle a la gente el bondadoso corazón del Padre. Su estilo de vida dejó a los discípulos un ejemplo de uno de los principios que debe regir la vida del pueblo de Dios: «Así como quieran que los hombres les hagan a ustedes, hagan con ellos de la misma manera» (Lucas 6:31, NBLH).

Este principio es de particular importancia en el marco del matrimonio. El amor que crece a lo largo de los años exige una inversión día a día. La inversión que marca la diferencia no es aquella que requiere de un gran despliegue de esfuerzo o que significa un importante desembolso económico. Consta, mayormente, de aquellos pequeños gestos que le comunican a la otra persona el aprecio y el cuidado por su persona en el marco de los quehaceres cotidianos.

La cercanía y la rutina de cada día, sin embargo, tienden a inducir una especie de letargo donde perdemos la sensibilidad y la iniciativa que son necesarias para los gestos de amor. Nos afianzamos en los hábitos que le dan estructura a la vida y comenzamos a dar por sentado la presencia de la otra persona en el hogar. Con el tiempo, el amor comienza a apagarse y caemos en una relación donde las expresiones de afecto son escasas. La rutina se afianza, y la vida compartida lentamente pierde su sabor.

El apóstol Pablo nos anima con la siguiente exhortación: «Siempre que tengamos la oportunidad, hagamos el bien a todos, en especial a los de la familia de la fe» (Gálatas 6:10). Nos ayuda a entender que debemos aprovechar cada oportunidad que se nos presenta para cumplir con nuestra vocación de hacerle bien a la otra persona. Vivir de esta manera exige de nosotros que estemos atentos, continuamente, a las situaciones que se prestan para mostrarle a la otra persona que la amamos. Cuando estas oportunidades se presentan, será necesaria una cuota de iniciativa para poner por obra las intenciones del corazón.

El incidente que nos comparte Alex nos da una pista acerca de la clase de gestos que pueden hacer la diferencia. Secarle el sudor a otra persona no posee ningún elemento de dramatismo, ni tampoco requiere de alguna habilidad especial. No obstante, exigió de Nathalia que pudiera mirar a su amado con ojos de ternura, para descifrar cuál era su mayor necesidad en ese momento. Del mismo modo, el marido puede ofrecerse para lavar la vajilla cuando percibe el cansancio de su esposa, o ella puede ofrecerse para realizar un trámite cuando observa que su esposo vive agitados días en el trabajo. En ambos casos, el esfuerzo por realizar ese acto de amor es pequeño, pero comunica, de manera inequívoca, un espíritu de tierna consideración que alimenta el vínculo de amor en la pareja. Es la suma de estos pequeños gestos la que sirve para que el cimiento del amor que sustenta el matrimonio sea cada vez más sólido.

JUNTOS TE ADORAMOS

Cada día, me encuentro con mil detalles
que dicen que me amas y que aquí tú estás.
Me despierto en la mañana y puedo respirar;
me levanto de la cama, y tú me haces caminar.

Respiro tu presencia y tu inevitable fidelidad,
que me da oportunidad de ser reflejo de tu amar.
Siento tus brazos, tus manos que sanan mis heridas,
y tu consejo que me da sabiduría.

No sería tu reflejo si me niego a perdonar,
si me encierro en mis sueños renunciando a tu bondad.
Dame alas que me lleven a volar,
que superen las montañas
de prejuicios y de mentiras queriendo ser verdad.

Tengo vida y libertad. Soy tu hijo y tu reflejo.
Soy instrumento que perdona o condena,
que levanta o entierra, que sostiene o abandona,
que se entrega día a día sin reproches ni reservas.

Señor, que hoy sea un día para
ser el reflejo de tu amor,
para que aun pequeños detalles
puedan expresar que tú eres mi Dios.

JUNTOS SEMBRAMOS

1. Compartan juntos esta pregunta: «¿Qué cosas puedo hacer por ti para que te sientas amado(a) y apreciado(a)?».

2. Convierte en tuya esta oración: Señor, entiendo que mi vocación en la vida es hacer el bien a las personas que tú pones en mi camino. No permitas que se termine cada día sin que tenga la oportunidad de hacerle bien, en algo práctico y concreto, a la persona que más amo en esta vida. Dame ojos para ver las oportunidades, en medio de lo cotidiano, para pequeños gestos de amor que revelan mi compromiso de invertir continuamente en nuestra relación.

3. Acostúmbrate a presentar la vida de tu cónyuge en oración delante del trono de Dios. Tu compromiso de interceder por sus necesidades y desafíos es una de las formas en que se afianza el espíritu de compasión y bondad en el matrimonio.

BAJAR, PARA SUBIR

Mi suegra [cuenta Nathalia] le decía a Alex: «Usted nunca va a poder satisfacer a Nathalia. Ella es de otro nivel económico, de otro estrato al suyo. Usted nunca va a poder darle a ella sus gustos». Y la verdad es que yo era una niña muy consentida. Sin embargo, busqué la forma de bajar a la situación de ellos. Alex me llevaba en bus, me hacía caminar y me invitaba a comer cosas a las que yo no estaba acostumbrada y que no me agradaban tanto.

Mi deseo era negarme a mí misma; no encapricharme en mis gustos, para que no se sintiera frustrado. Lo que yo tenía que hacer era aprender a amar su mundo, su familia, su situación económica, y disfrutarlo tal cual era él.

. . .

Confía en el SEÑOR y haz el bien;
entonces vivirás seguro en la tierra y prosperarás.
Deléitate en el SEÑOR,
y él te concederá los deseos de tu corazón.

Entrega al SEÑOR todo lo que haces;
confía en él, y él te ayudará.

SALMO 37:3-5

ARMA DE DOBLE FILO

Cuando iniciamos el camino de imaginar lo que representará la experiencia de vivir el matrimonio, echamos mano de una multitud de imágenes que hemos recogido por la vida. Nuestra falta de experiencia entorpece el proceso de separar lo que pertenece a la ficción de lo que se ajusta mejor a la vida. De esta manera, se suman a nuestra visión una gran cantidad de expectativas acerca de cómo será la vida de casados.

El diccionario de la Real Academia Española define una expectativa como la «esperanza de realizar o conseguir algo» y la «posibilidad razonable de que algo suceda». De esta manera, entonces, nos acercamos al matrimonio con una idea de cómo va a ser nuestra experiencia: una imagen de cómo será la persona con la que contraeremos matrimonio.

Nuestras expectativas se ven condicionadas por muchos elementos diferentes. Las afectan las experiencias que nos han tocado en el marco de nuestras propias familias. Influyen los modelos de matrimonio a los que hayamos estado expuestos. Incluso juegan un rol importante los conceptos populares del matrimonio que se comunican por medio de la literatura y el cine. Todos estos factores nos conducen a elaborar una idea acerca de cómo será el matrimonio. Estas expectativas, a su vez, despiertan en nosotros entusiasmo y pasión por la posibilidad de una vida compartida con otra persona.

El problema con las expectativas, sin embargo, es que raras

veces coinciden con la realidad. Un claro ejemplo de las dificultades que nos pueden ocasionar nuestras expectativas es la reacción de Pedro ante el anuncio de Jesús de que debía sufrir muchas cosas en Jerusalén y, finalmente, perder allí su vida. La revelación indignó de tal manera a Pedro que «lo llevó aparte y comenzó a reprenderlo por decir semejantes cosas» (Mateo 16:22).

Esta reacción casi violenta, por parte de Pedro, se puede entender cuando recordamos que, poco antes de esta escena, había declarado que Jesús era el Mesías. Esa confesión se vio condicionada por más de setecientos años de espera. Sucesivas generaciones habían intentado imaginar cómo sería la aparición del Mesías anunciado por diferentes profetas. Con el pasar de los siglos, la expectativa que se generó en torno al Salvador lo había convertido en una figura completamente diferente al humilde carpintero que salió de Nazaret.

La dificultad de Pedro radica en que su concepto de Cristo no coincidía con la imagen del Mesías que revelaba Jesús. Creeríamos que la respuesta razonable a esta discrepancia sería revisar sus expectativas poco realistas, descartar aquello que no se ajustaba a la realidad y abrazarse, de todo corazón, al Mesías que tenía frente a él. Lo que sucedió, sin embargo, fue muy diferente. Pedro intentó, con su reprensión, obligar a Jesús a que se convirtiera en el Mesías que él tenía en mente.

Lo mismo sucede en el marco del matrimonio. Cuando la persona con quien compartimos la vida no se ajusta a nuestras expectativas, pocas veces revisamos nuestras expectativas; raras veces reflexionamos sobre nuestras convicciones para evaluar si ejercen una presión poco realista sobre nuestro cónyuge. Más bien, comenzamos a trabajar para que nuestra pareja se amolde a nuestra idea de lo que debería ser. Estos intentos por transformar a la otra persona rara vez producen algún resultado significativo, en parte porque están impulsados por motivaciones erradas.

El ejemplo de Nathalia sirve para recordarnos que el camino correcto es el de ajustar nuestras expectativas a la realidad de la otra persona. El matrimonio se beneficia cuando yo elijo abandonar mis ideas de cómo deben ser las cosas y decido abrazarme a la realidad que me toca vivir. Desde ese lugar, podemos comenzar, juntos, a crecer hacia la plenitud del proyecto de Dios para nuestras vidas.

JUNTOS TE ADORAMOS

ᔆ

Soy aprendiz de tus caricias;
soy resultado de tu amor.
Me enamoré de tu sonrisa,
de tu inocencia y libertad.
Me enamoré de aquella niña que
con su vida me abrazó;

pintó en mí su poesía,
y un lienzo en blanco en mí creó.
Tu voz me sacia; cuando callo,
puedo escuchar la voz de Dios.
Tengo tanto que aprenderte;
enséñale a mi corazón.

Enséñame a amar
y contemplarte en el silencio de tus ojos.
A no olvidar que eres tú mi fiel tesoro;
a recordarme que no soy, si tú no estás.

Tengo una vida para amarte; no fue en vano tu negar.
Hoy me aferro a la promesa que el mismo
Dios nos sostendrá.
Serás por siempre mi princesa, la reina de este nuestro hogar.
Por siempre yo seré tan tuyo, el que por siempre te amará.

Enséñame a amar y descubrir un nuevo sol,
día tras día;
a construir aquello que dura una vida,
y hasta la muerte ser tu amante y tu alegría.
Hoy te vuelvo a recordar que no me iré;
aquí estaré noche y día.
Y si el invierno se prolonga y se repite,
no tengas miedo: aquí estaré, esposa mía.

JUNTOS SEMBRAMOS

෴

1. Elabora una lista de tus expectativas usando la siguiente frase: «Yo espero que mi esposo(a) _____». Por ejemplo: «Cuando mi esposo toma una decisión, yo espero que me consulte», o «Cuando mi esposa se retrasa, yo espero que me avise». Añade a tu lista las frases que mejor representan tus expectativas.

2. Muchas de nuestras expectativas se originan en las frustraciones vividas en nuestro propio hogar. Vuelve a leer tu lista e intenta identificar aquellas expectativas que son proyecciones de tus propias tristezas o penas. Es posible que necesites la ayuda de personas cercanas a ti para este ejercicio, pues nuestras motivaciones no siempre son fáciles de identificar.

3. Intenta ponerte en los zapatos de tu cónyuge e identifica las expectativas que son poco realistas. Recuerda que no existe un ideal de esposo o esposa. Pide perdón por aquellas situaciones en las que has presionado a tu cónyuge para que haga algo que le resulta muy difícil. Hazte la siguiente pregunta: «¿Qué puedo hacer yo para ayudarlo(a) a crecer en esta área?».

SOLO PARA VALIENTES

Cuando me enfrento [Nathalia] a situaciones en las que experimento mucha frustración, lo primero que hago es hablarlo con Dios. Es en esos momentos que escribo mis cartas al Señor y le comparto lo que me duele o las angustias que experimento.

También recuerdo una carta muy bonita que me escribió mi mamá. En ella, me dijo: «Hija, no te canses de hacer el bien. Un día, vas a ver los frutos. Hoy levantamos tus manos en oración. Sabemos que atraviesas tiempos difíciles, pero te animamos a que sigas adelante. Este reto es para valientes. No te des por vencida».

Después de cada encuentro con el Señor, salía con nuevas fuerzas para seguir trabajando en construir un matrimonio más hermoso.

· · ·

Por lo tanto, no desechen la firme confianza que tienen en el Señor. ¡Tengan presente la gran recompensa que les traerá! Perseverar con paciencia es lo que necesitan ahora para seguir haciendo la voluntad de Dios. Entonces recibirán todo lo que él ha prometido.

«Pues, dentro de muy poco tiempo,
Aquel que viene vendrá sin demorarse.
Mis justos vivirán por la fe.
Pero no me complaceré con nadie que se aleje».

*Pero nosotros no somos de los que se apartan de
Dios hacia su propia destrucción. Somos los fieles,
y nuestras almas serán salvas.*

HEBREOS 10:35-39

ESFUERZO NECESARIO

Cuando Josué recibió la comisión de conducir al pueblo en la conquista de la tierra, escuchó seis veces la misma exhortación de parte de Dios: «¡Así que sé fuerte y valiente! No tengas miedo ni sientas pánico frente a ellos, porque el SEÑOR tu Dios, él mismo irá delante de ti. No te fallará ni te abandonará» (Deuteronomio 31:6).

Resulta tentador creer que esta exhortación se refiere al espíritu aguerrido e intrépido que requeriría Josué para enfrentarse a las naciones que habitaban la Tierra Prometida. Solamente por medio del arrojo lograría derrotarlas y tomar posesión de la heredad que el Señor le había prometido a Abraham.

El contexto en el que se da esta exhortación, sin embargo, es la historia de un pueblo que, en reiteradas ocasiones, dudó de la fidelidad de la Palabra de Dios. Una y otra vez permitió que sus temores lo arrastraran hacia una actitud de incredulidad que, finalmente, se transformaba en rebeldía.

Josué era parte de este pueblo obstinado e indeciso. Por esto, resulta mucho más probable que la exhortación se refiera a la singular valentía de creerle al Señor cuando todo a su alrededor parecía contradecir la Palabra recibida. Muchas de las instrucciones que Josué recibiría por parte de Dios lo conducirían por un camino diferente al que hubiera recorrido siguiendo su propio razonamiento. Podía esperar de su mente una actitud cuestionadora frente a la Palabra de Dios. El Señor, sin embargo, lo llamaba a recorrer el camino de la fe, que exige una cuota de intrepidez inusual, pues la carne siempre protesta cuando escogemos seguir las directivas del Espíritu.

Cuando examinamos los relatos de las grandes figuras en la historia del pueblo de Dios, podemos observar que tienen en común este espíritu de valentía. Escogieron, contra viento y marea, creerle a Dios las atrevidas propuestas que él traía a sus vidas. El camino que recorrieron como resultado de esta firmeza finalmente los condujo las más abundantes bendiciones del Señor.

La valentía es también una actitud necesaria en el matrimonio. Cuando pensamos en el matrimonio, no solemos hacerlo en términos del sacrificio que exige. Esta abnegación, sin embargo, es una parte esencial del proceso de construir algo que perdurará a lo largo del tiempo. Serán muchos los momentos en que, como Nathalia, sentimos que la relación solamente nos ofrece frustraciones y angustia. En más de una ocasión, el Señor nos invitará a recorrer un camino que es contrario a lo que exige nuestra carne. Quizás debamos renunciar a algo, o reconocer que nos hemos equivocado o transitar el camino del silencio cuando hubiéramos preferido la confrontación. Sea cual sea el desafío, solamente la valentía nos permitirá obedecer al Señor.

Cuando llegan los tiempos en que no todo es tan bonito como quisiéramos, podemos abrazar la declaración que realiza el autor de Hebreos: «Pero nosotros no somos de los que retroceden para perdición, sino de los que tienen fe para la preservación del alma» (Hebreos 10:39, NBLH). El matrimonio es un proyecto a largo plazo, y requiere un valiente esfuerzo para sacarlo adelante en los momentos en que nos enfrentamos a diferentes adversidades.

JUNTOS TE ADORAMOS

ᔐ

Señor, afirma nuestro *creo en ti* tanto que podamos ver a las montañas moverse, experimentar milagros, caminar sobre el agua y ver calmarse las tormentas. Llénanos el corazón de valentía como un día lo hiciste con David cuando enfrentó a Goliat. Él sabía que en tu nombre podía hacer cosas que se veían imposibles. Por eso, hoy decidimos aferrarnos a la fe, porque sin fe es imposible agradarte, y la fe nos da la garantía de lo que esperamos y la certeza de lo que no vemos (Hebreos 11:1, 6).

SOY VALIENTE

♫

LETRA: ALEX CAMPOS
MV PUBLISHING

Tengo vida, tengo un Dios que es eterno
Voy seguro pues escucho hoy tu voz
Mis canciones son de Cristo y no lo niego
Aunque algunos me critiquen este amor
Yo me aferro a lo que dice su Palabra
Soy su hijo por el cual allí murió
Soy guerrero, soy valiente y no le corro
Al gigante yo derroto con mi Dios.

En la vida, no hay momento más hermoso
Que encontrarse con el buen Dios creador
No hay persona más hermosa en el mundo
Como aquel, el cual yo llamo Salvador
Han pasado varios años desde el día
Que del lodo su amor me rescató;
Iba errante por el mundo y sin salida
Hasta que mi vida Cristo rescató.

Hoy mi vida defino en cuatro palabras:
Dios, familia, mi llamado y esta voz
Lo que tengo a mi Dios yo se lo debo
Si he llegado hasta aquí es por su amor
Viviré intensamente hasta que muera

Sé que un día en la gloria estaré
Mientras tanto, mis canciones yo le canto
Esperando su regreso otra vez.

JUNTOS SEMBRAMOS

༄

.1. Cuando piensas en tu matrimonio, ¿de qué maneras particulares ha desafiado tu fe? ¿Qué respuesta consideras que el Señor desea de ti, frente a estos desafíos? ¿Qué cosas impiden que respondas de manera adecuada a estos desafíos?

2. ¿Qué Palabra específica crees que el Señor trae a tu vida en este tiempo? ¿Cuál consideras que es su Palabra para ustedes como matrimonio?

3. Comparte tus reflexiones con tu pareja. Oren juntos pidiendo que el Señor los vista de esa osadía santa que les permite recorrer caminos sobrenaturales, aun siendo frágiles y débiles.

¡ASÍ SOY YO!

Yo [Alex] era una de esas personas que decía: «Es que así soy yo. Dios me hizo de esta manera. Acéptame como soy». El Señor, sin embargo, me habló muy claro: «No. Ese no eres tú. Yo quiero que tú seas como yo, que aprendas a decirle a tu esposa que es especial, que aprendas a abrazar a tus hijos. Eso es lo que yo quiero hacer en tu vida».

Entender que uno es imperfecto es un momento importante en el proceso de transformación. No debemos, sin embargo, refugiarnos en esa imperfección para usarla como excusa que nos exime de aceptar las responsabilidades que debemos asumir.

Cuando el Señor me habló sobre este tema, comencé a orar: «Dios, pon tu cariño y tu ternura en mi corazón, para que yo pueda amar como tú amas».

. . .

Por lo tanto, amados hermanos, les ruego que entreguen su cuerpo a Dios por todo lo que él ha hecho a favor de ustedes. Que sea un sacrificio vivo y santo, la clase de sacrificio que a él le agrada. Esa es la verdadera forma de adorarlo. No imiten las conductas ni las costumbres de este mundo, más bien dejen que Dios los transforme en personas nuevas al cambiarles la manera de pensar.

ROMANOS 12:1-2

LLAMADO INELUDIBLE

Resulta tentador, en el marco del matrimonio, justificar los errores y las descortesías con la frase que nos menciona Alex: «Así soy yo». Intentamos insinuar, con estas palabras, que en realidad quisiéramos ser diferentes, pero nos encontramos atrapados por aspectos de nuestro carácter sobre los cuales no poseemos ningún control. Refugiados detrás de esta frase, acabamos aceptando, con resignación, que algunas realidades nunca cambiarán.

Cuando el Señor le habló a Alex sobre el uso de esta excusa, le señaló una de las verdades que claramente enuncia en su Palabra. La transformación es una de las manifestaciones que distingue a aquellos que han sido alcanzados por la gracia de Dios. El apóstol Pablo señala que el Señor nos eligió para que llegáramos a ser como su Hijo (Romanos 8:29). Trabaja a lo largo de nuestras vidas, por medio de una gran diversidad de situaciones, «hasta que lleguemos a la plena y completa medida de Cristo» (Efesios 4:13).

Esa transformación es la que nos permite alcanzar un estado de estabilidad emocional y espiritual. Nos salva de ser «arrastrados de un lado a otro» (Efesios 4:14) por las corrientes de las nuevas enseñanzas que, invariablemente, acompañan el progreso de la iglesia. Ayuda a que no seamos conmovidos cuando las circunstancias de nuestras vidas se vuelven adversas.

El proceso por el cual se produce esta transformación es misterioso. No sabemos bien de qué modo ocurre, ni tampoco en qué momento se produce el cambio. Mientras nosotros nos deleitamos en disfrutar y cultivar nuestra relación con él, «el Señor, quien es el Espíritu, nos hace más y más parecidos a él a medida que somos transformados a su gloriosa imagen» (2 Corintios 3:18).

Si bien nosotros no somos los gestores de este cambio —porque la carne no posee capacidad para transformar a la carne—, sí gozamos de la capacidad de cultivar una relación de intimidad con Dios. Podemos recorrer el mismo camino que escogió Alex. Confesamos, con sencillez, nuestra incapacidad para producir cambios en nosotros mismos y comenzamos a pedirle a Dios por aquello que no podemos producir por nuestros propios medios. El perseverar en buscar su rostro ofrece el marco desde el cual el Señor obra en nosotros esa transformación que, finalmente, nos lleva a ser parecidos a su Hijo, Jesucristo.

La relación matrimonial suele dejar al descubierto aquellos aspectos negativos de nuestro carácter que normalmente logramos disfrazar delante de los que no nos conocen tan bien. Simplemente no podemos engañar a nuestro cónyuge acerca de quiénes somos. Cuando nuestras debilidades quedan expuestas, nos encontramos frente a dos posibilidades: podemos intentar justificar aquello que es indefendible, o podemos optar por llevar nuestras flaquezas al Señor para que él trabaje sobre ellas. Quienes aprenden a convertir sus debilidades en oportunidades para crecer en Cristo habrán echado mano de una de las grandes bendiciones que ofrece la relación matrimonial.

JUNTOS TE ADORAMOS

Así soy yo podría fácilmente ser el título de una canción actual, y pienso que sería todo un *hit*. La gente siempre piensa más en lo que los hace felices que en hacer feliz a los demás. Es un pensamiento muy egoísta, pero uno que vivimos en cada relación que llevamos incluyendo el matrimonio. Fue mi canción por muchos años en mi relación con Nathalia: «Así soy yo», «Me tienes que amar tal como soy», «Así me hizo Dios», etcétera. Tenemos que entender que somos lo que confesamos y creemos, y tal vez, igual que yo, hayas creado un patrón en tu mente de que así eres y nada va a cambiar. La Buena Noticia es que podemos cambiar, y no estamos solos para hacerlo. El Espíritu Santo está dispuesto a llenarte de él y ser ese motor en tu vida para que tu canción ya no sea la misma que llevas repitiendo día a día. Es tiempo de que tu vida entone la canción del corazón de Dios, esa canción buena y perfecta que se escribe cuando rindes tu vida a Jesús y le das el control a él. Solos no podremos; créeme, lo intenté con mis fuerzas, y fracasé varias veces. No soy yo; es Cristo en mí. Debemos dejar que él actúe para poder declarar: «Ya no vivo yo, sino que Cristo vive en mí» (Gálatas 2:20).

Comienza hoy a declarar que eres una nueva criatura en Dios, que las cosas viejas pasaron y que es un nuevo día para comenzar a declarar: «*Así eres tú*: fiel y verdadero, justo y bueno, poderoso guerrero, amoroso y tierno. Soy tuyo y tú eres mío. Toma el control de mi vida y hazme como tú. Quiero ser como tú; quiero amar como tú, abrazar como tú, servir como tú. Ahora tú habitas en mí y soy un reflejo de tu amor».

JUNTOS SEMBRAMOS

~

1. Lean juntos el Salmo 139. ¿Qué verdades enuncia David que nos pueden ayudar con el proceso de transformación? ¿Cómo pueden estas verdades cambiar nuestra relación con Dios? Compartan juntos sus reflexiones.

2. Reflexiona sobre los puntos de conflicto y tensión que han experimentado como matrimonio. ¿Qué comportamientos

y hábitos tienes que has intentado justificar o defender? ¿Qué te ha dicho el Señor acerca de este tema en este devocional? Si te animas, comparte con tu cónyuge tus respuestas. Si lo deseas, puedes aprovechar esta situación para pedir perdón por tu insistencia en justificar aquello que, más bien, debía ser confesado.

3. ¿Cómo puedes resistirte, en el futuro, a la tentación de usar la frase: «Así soy yo»? ¿Cuál crees que es el deseo de Dios para tu vida? Intenta describir las características que tú crees que él quiere cultivar en tu corazón.

NUESTRO GALARDÓN

Yo [Nathalia] siento que una de las razones por la que muchos matrimonios se están separando es que las mujeres se han volcado a buscar lo suyo. Han decidido ir en pos de sus sueños, de su propio bienestar, de lo que ellas consideran «sus derechos». La Palabra, sin embargo, es muy clara cuando nos habla de poner la otra mejilla, de dar sin esperar nada a cambio, de entregarse por el otro, de morir cada día. Y yo he comprobado que Dios no deja a sus hijas avergonzadas, ni pasa por alto sus necesidades. Tengo certeza de que nuestro galardón es Dios. Aunque hayamos decidido hacer nuestra carrera en el hogar, el Señor tiene reservado para nosotras un diploma bien grande en los cielos. Para mí, mi «gran negocio» ha sido mi hogar, y la inversión que he podido hacer allí.

. . .

Por lo tanto, teme al SEÑOR y sírvelo con todo el corazón. Echa fuera para siempre los ídolos que tus antepasados adoraron cuando vivían del otro lado del río Éufrates y en Egipto. Sirve únicamente al SEÑOR. Pero si te niegas a servir al SEÑOR, elige hoy mismo a quién servirás. ¿Acaso optarás por los dioses que tus antepasados sirvieron del otro lado del Éufrates? ¿O preferirás a los dioses de los amorreos, en cuya tierra ahora vives? Pero en cuanto a mí y a mi familia, nosotros serviremos al SEÑOR.

JOSUÉ 24:14-15

CONTRACULTURA MATRIMONIAL

Hace muchos años, el reconocido autor inglés John Stott publicó un excelente libro sobre el Sermón del monte y le puso de subtítulo *Contracultura cristiana*. En esta obra, Stott intentó demostrar la forma en que las enseñanzas de Jesús, en el más conocido de sus sermones, llaman al pueblo de Dios a moverse en una dirección diferente a la que propone la cultura que reinaba en ese tiempo. La forma en que lo hacen, sin embargo, no es por medio de una denuncia a los valores que definen a la cultura, sino practicando un estilo de vida que proclama, de manera clara y visible, que es posible vivir de otra manera a la que han escogido la vasta mayoría de las personas.

En estos tiempos, el matrimonio es, quizás, la institución humana que más embates culturales ha sufrido. Para muchos, el concepto del matrimonio es anticuado y poco práctico para las dinámicas que aparentemente exigen las relaciones en este tiempo. La sociedad no solamente cuestiona la validez del matrimonio, sino que ha intentado una radical redefinición de lo que significa una relación entre dos personas de diferente sexo. Aun cuando logremos afirmar el valor del matrimonio tal cual ha sido comprendido por todas las sociedades a lo largo de los siglos, seguimos frente a un tremendo desafío, pues los roles del hombre y la mujer también han sido sujetos a los más duros cuestionamientos.

La tentación frente a esta marea de *novedosas* innovaciones es adaptarse a los modelos que están de moda en este tiempo. La modificación de la estructura básica de la familia, sin embargo, ha engendrado una serie de crisis sociales de proporciones alarmantes. Somos testigos de una generación de hijos que crecen sin padres, con un solo padre o que son criados por sus abuelos. Estos hijos demuestran serias dificultades a la hora de afrontar los desafíos de la vida e insertarse responsablemente en la sociedad de la que son parte.

La brújula para aquellos que caminamos en Cristo es la Palabra de Dios. En ella encontramos los parámetros para una vida plena y fructífera. Para abrazarnos a sus verdades, sin embargo, debemos descartar categóricamente cualquier noción de que ciertas enseñanzas han pasado de moda. No hablo aquí de los distorsionados conceptos de opresión que intentamos pasar por sumisión o del machismo con el que pretendemos definir la verdadera hombría. Me refiero, más bien, a aquellas sabias enseñanzas de la Palabra sobre la forma de construir un matrimonio que honra a Dios.

Cuando nos comprometemos con estos principios, como lo ha hecho Nathalia en su decisión de dedicar su mejor esfuerzo al hogar, corremos el riesgo de convertirnos en objeto de burla: ser tildados de «anticuados». Nuestra convicción, sin embargo, descansa sobre la declaración que hace el apóstol Pablo: «Toda la Escritura es inspirada por Dios y es útil para enseñarnos lo que es verdad y para hacernos ver lo que está mal en nuestra vida. Nos corrige cuando estamos equivocados y nos enseña a hacer lo correcto. Dios la usa para preparar y capacitar a su pueblo para que haga toda buena obra» (2 Timoteo 3:16-17). Nuestra fidelidad a los preceptos que el Señor establece para nuestras vidas no será en vano. Tendremos, como señala Nathalia, un gran galardón de parte de Dios.

JUNTOS TE ADORAMOS

~

Al leer las palabras de mi esposa, veo la obra de Dios en su vida. Solo al entender la verdad que Dios nos expone en su Palabra podremos declarar estas verdades que hoy suenan retrógradas y sin sentido en el mundo en que vivimos. Como compartía en la meditación anterior: ¡Así soy yo!, solo Jesús puede hacer algo nuevo en nosotros. Cuando amas como él, tu entorno, tu cónyuge y tus hijos lo notarán; como también notarán cuando riges tu vida según tu propia verdad y tu propia ley. Es allí donde el mundo se aleja de lo que Dios tenía planeado para nosotros, sus hijos; ocurre cuando tomamos el control con nuestras propias manos y conceptos. Por eso, primero debes entender y apropiar el amor de Dios en tu vida, para que su Palabra cobre sentido y vida para ti. De lo contrario, tu vida seguirá siendo absurda y necia, siguiendo los caprichos de tu corazón.

Ora pidiendo al Espíritu Santo que puedas rendir tu vida entera al Señor. No te quedes con nada que no puedas darle. No hay nada más increíble que cuando descubres lo que Dios quiere hacer en ti, al permitir que él tome el control de tu vida. Amar a Dios no es solo con palabras; es negarte, diariamente, a vivir tu vida de manera egoísta y necia. Es dejar que él viva en ti, dándote la libertad de amar y ser amado en verdad.

JUNTOS SEMBRAMOS

1. La presente cultura invade los espacios del matrimonio a través de los medios, las películas, las redes sociales y decenas de otras vías. Tomen un momento para dialogar acerca de las maneras en que perciben las presiones de la cultura sobre su matrimonio. ¿Qué pasos pueden dar para resguardar su matrimonio de las formas que impone la sociedad?

2. ¿Cuánto tiempo han invertido en hablar acerca de la clase de matrimonio que quisieran tener? ¿Qué textos bíblicos consideran claves para construir un modelo de familia que refleje los valores de la Palabra? ¿Qué ajustes consideran que son necesarios hacer en su relación matrimonial?

3. Cristo les advirtió a los discípulos, en Getsemaní, que debían estar en guardia, para no entrar en tentación (Mateo 26:40-41). ¿Cuáles piensan que eran los peligros a los que se enfrentaban? ¿Qué esperaba el Señor de ellos? ¿De qué manera caminamos por la vida atentos a las tentaciones a nuestro alrededor?

DILO BIEN CLARO

Al principio, yo [Nathalia] intentaba comunicarme con Alex por medio de insinuaciones. Le hacía un comentario con la esperanza de que él se diera cuenta de lo que yo realmente quería. Él, sin embargo, nunca terminaba por entender lo que intentaba decirle. Entonces me di cuenta de que con los hombres una tiene que ser directa. Debo decir, por ejemplo: «Yo quiero comer un helado»; «Tengo ganas de que salgamos juntos a caminar». Cuando era bien clara comunicando lo que deseaba, entonces Alex podía responder con decisiones concretas. Si yo recorría el camino de las indirectas, sin embargo, no lograba nada.

.   .   .

*En cambio, hablaremos la verdad con amor y así creceremos
en todo sentido hasta parecernos más y más a Cristo,
quien es la cabeza de su cuerpo, que es la iglesia.*

EFESIOS 4:15

*Que todo lo que digan sea bueno y útil, a fin de que sus
palabras resulten de estímulo para quienes las oigan.*

EFESIOS 4:29

JUEGUITOS INNECESARIOS

La buena comunicación es una de las columnas que sostiene la vida matrimonial. Nos permite conocer los deseos, los anhelos, las aspiraciones, las frustraciones y las desilusiones de la persona con la que compartimos la vida. Ese conocimiento nos proveerá la información necesaria para saber de qué manera debemos responder en determinadas situaciones, evitando los atropellos y las torpezas que resultan de la ignorancia.

Cuando el Señor creó a la primera pareja, una de las bendiciones que esta disfrutaba era la posibilidad de estar desnudos sin sentir vergüenza por ello (Génesis 2:27). Se entiende que esto es más que una referencia a la ausencia de vestimentas. Adán y Eva gozaban de un estado de transparencia emocional y espiritual que tornaba innecesaria la inclinación a esconderle algo a la otra persona. Disfrutaban del maravilloso privilegio de verse tal cual eran.

La Caída alteró dramáticamente esta sublime armonía. El relato bíblico testifica que, en el momento de su desobediencia, «se les abrieron los ojos, y de pronto sintieron vergüenza por su desnudez. Entonces cosieron hojas de higuera para cubrirse» (Génesis 3:7). La relación de confianza repentinamente se vio opacada por el temor que convertía al otro en una potencial amenaza. En el diálogo subsiguiente, observamos con tristeza cómo aparecen, en el lenguaje del hombre y la mujer, la mentira y el engaño que produce el pecado.

El temor, que es una de las consecuencias más dramáticas

de la Caída, afecta profundamente la forma en que nos comunicamos. El miedo a ser heridos, incomprendidos o rechazados nos impulsa a ser evasivos a la hora de abrir nuestro corazón. Acabamos echando mano de ciertas torpezas que son más apropiadas entre adolescentes que en una pareja de adultos.

Un ejemplo típico de esta forma de comunicación ocurre cuando el esposo percibe que algo le sucede a su esposa. Su rostro, su postura o la forma en que se mueve le alertan al hecho de que ella no está bien. No tiene idea, sin embargo, de cuál puede ser la causa de su malestar y, por esto, se acerca con cierta timidez para preguntarle: «¿Qué te pasa, mi amor?». Ella, aferrada a la convicción de que si él verdaderamente la amara sabría descifrar qué es lo que le sucede, responde con cierta deshonestidad: «Nada». Sus palabras contradicen su tono de voz, el cual le confirma a él que definitivamente le sucede algo. Su respuesta evasiva, sin embargo, lo ha ubicado en un aprieto: deberá descubrir cuál es el problema en una persona que se muestra reticente a comunicarse con claridad.

Este jueguito puede prolongarse hasta que alguno de los dos pierda la paciencia y se dé por vencido. Ha atrapado a la pareja en un laberinto de respuestas evasivas que no contribuyen a la buena comunicación. Ignora, además, el hecho de que existen algunas situaciones que aun la persona más perceptiva no logrará entender a menos que la otra persona decida abrir su corazón.

La reticencia a tomar la iniciativa a la hora de comunicarnos también se ve condicionada por los falsos conceptos que suelen perpetuarse en la sabiduría popular. Nos hemos convencido de que la expresión más sublime del amor es que los demás perciban lo que nos sucede sin que sea necesario decirles nada. Creemos que si debemos recurrir a las palabras para alertar acerca de nuestra necesidad, entonces esto simplemente confirma que lo nuestro es una versión muy pobre de lo que es el verdadero amor.

La Palabra nos anima a recorrer otro camino. Nos anima a que hablemos «la verdad con amor» los unos a los otros (Efesios 4:15). La decisión de Nathalia de no andar con rodeos es un claro ejemplo de cómo podemos avanzar hacia una comunicación más honesta, y los frutos de esa decisión muestran cuán efectivo fue su cambio de estrategia.

Cuando entendamos que la buena comunicación tiene sus raíces en hablar la verdad, podremos ser más directos y claros en la forma en que llevamos adelante nuestras conversaciones.

JUNTOS TE ADORAMOS

Lenguaje de amor es una canción que escribí hace algunos años. En ella exponía los muchos lenguajes en los cuales Dios me habla, a través de detalles que pasamos por alto o que no entendemos o no queremos entender. El aire de un nuevo día, la salud, el tibio amanecer del sol, un café caliente en la mañana, la sonrisa de un bebé, el infinito océano, el abrazo de una madre y los paisajes vistos en bicicleta son tantas formas y detalles en los que él nos habla y nos muestra su amor, que debemos desarrollar nuestros sentidos y sensibilizarlos a sus miles de detalles. No solamente es así con Dios; cuando te sensibilizas a Dios y sus detalles, aprendes a leer y a dar esa clase de lenguaje.

En este proceso, no solo mi esposa entendió que a nosotros los hombres entre más directo y claro nos digan las cosas, es mejor y trae mejores resultados; yo, como hombre, descubrí que también puedo leer esos detalles de amor y ese lenguaje en mi esposa, que día a día me expone en su forma de ser y de amarme. Sus detalles al cocinar; al ser la primera en levantarse y, muchas veces, la última en acostarse; al cambiar su peinado y arreglarse de forma especial para mí; al expresarme, con una mirada, más de lo que podría lograr con palabras. Son tantas las formas en que las esposas nos hablan, que no debemos darlas por obvias... como lo hacemos muchas veces con Dios. Podemos ser más detallistas y aprender a leer sus formas de amarnos y expresarnos su necesidad de que las escuchemos y amemos.

Pídele a Dios que agudice tus sentidos y te sensibilice a sus detalles. También que lo pueda hacer a los detalles de amor que tu cónyuge tiene para ti. Tal vez nunca los hayas descubierto... ¡aún hay tiempo!

JUNTOS SEMBRAMOS

c✺

1. El investigador más astuto de la tierra no podrá descubrir ciertos aspectos de nuestra vida a menos que nosotros escojamos darle acceso a nuestro corazón. Hagan un pacto, juntos, que los comprometa a facilitarle las cosas a la otra persona:

   Señor, con tu ayuda, nos resistiremos a la tentación de escondernos el uno del otro. Escogemos, en este día, la transparencia y la claridad a la hora de compartir juntos.

2. Presta atención al momento que vive tu cónyuge. El buen comunicador sabe elegir el mejor momento para compartir un tema sensible. Si no es posible hablar en este momento, establezcan una cita en los próximos días que emplearán para conversar sobre el asunto.

3. Escoge alguna de las siguientes preguntas e inicia un tiempo de comunicación abierta, respetuosa y sincera:

   a. ¿Qué cosas te hacen sentir amada(o) por mí?

   b. ¿Cuáles son los aspectos más fuertes de nuestra relación? ¿Cuáles son los aspectos más débiles?

CADA DÍA

Al principio [cuenta Nathalia], resulta fácil amar, porque una se siente enamorada de la otra persona. Ese sentimiento, sin embargo, con el tiempo mengua. No obstante, cuando yo alimento ese sentimiento con la decisión de amar, entonces la sensación de estar enamorada vuelve a florecer.

Esa decisión requiere del compromiso de caminar al lado de la otra persona, aferrada a la convicción de que Dios está conmigo en cada circunstancia que me toca atravesar. Yo debo alimentar todos los días mi relación con Alex, pero solamente lo puedo hacer si he tomado esa decisión cada mañana. Cuando me afianzo en ese compromiso, eso me libra de estar pendiente de mis sentimientos.

. . .

Así que ahora les doy un nuevo mandamiento: ámense unos a otros. Tal como yo los he amado, ustedes deben amarse unos a otros. El amor que tengan unos por otros será la prueba ante el mundo de que son mis discípulos.

JUAN 13:34-35

EL AMOR ES UNA DECISIÓN

En su carta a los Romanos, el apóstol Pablo exhorta a sus lectores: «Por lo tanto, no permitan ustedes que el pecado reine en su cuerpo mortal, ni obedezcan a sus malos deseos» (Romanos 6:12, NVI). El dejar que las inclinaciones de la carne sean las que guíen nuestros pasos pertenece a un estilo de vida al que le hemos dado la espalda. «Todos vivíamos así en el pasado, siguiendo los deseos de nuestras pasiones y la inclinación de nuestra naturaleza pecaminosa» (Efesios 2:3).

Los deseos que menciona el apóstol, en Romanos 6, se expresan más frecuentemente por medio de las emociones que experimentamos. Estas son un buen indicador de lo que sucede en la intimidad de nuestros corazones: sensaciones que proceden de nuestras experiencias. Carecen de eficacia, sin embargo, a la hora de proveernos orientación para la vida. No obstante, en ocasiones se manifiestan con tanta fuerza que nos resulta difícil creer que poseemos la capacidad de resistirnos a los impulsos que nos sugieren. Sentimos que nos encontramos frente a algo más fuerte que nosotros.

Algunos incidentes en la Palabra, sin embargo, nos libran de esta sensación. Cuando Jacob escuchó a sus hijos anunciar la muerte de José, supuestamente devorado por una fiera en el desierto, se hundió en la angustia más profunda. «Toda su familia intentó consolarlo, pero él no quiso ser consolado» (Génesis 37:35). El relato recorre un camino similar en la parábola del hijo pródigo. Cuando descubrió la fiesta que se celebraba para festejar su regreso, «el hermano mayor se enojó y no quiso entrar. Su padre salió y le suplicó que entrara» (Lucas 15:28). Del mismo modo ocurre en la parábola de los dos deudores. Cuando el hombre que debía cien denarios suplicó que le tuvieran paciencia, el otro deudor «no quiso, sino que fue y lo echó en la cárcel hasta que pagara lo que debía» (Mateo 18:30, NBLH).

La frase común a estas tres historias es *no quiso*. Desenmascara la mentira de que estas personas no podían controlar sus emociones, que eran inocentes víctimas de lo que sentían. Revela que el verdadero problema al que se enfrentaban fue la falta de voluntad para hacer a un lado su dolor, enojo o indignación, para responder de otra manera a las sensaciones que experimentaban. De esta manera, observamos que el gran impedimento para controlar las emociones es una falta de carácter: la ausencia de disciplina para imponerle a la vida otra directiva que no sea la fluctuante emoción del momento.

Estas escenas no desmerecen el valor de las emociones. La solución no radica en suprimir las emociones, sino en reconocer que no siempre son confiables a la hora de actuar. La exhortación de Pablo busca librarnos de la inestabilidad de estas sensaciones, para ubicarnos en un plano mucho más seguro: el de movernos conforme a la orientación que el Señor nos provee en su Palabra.

Esta es la convicción que condujo a Nathalia a entender que su matrimonio debía ser construido con base en la decisión de permanecer firme en el compromiso de amar a Alex, sin importar lo que pudiera estar sintiendo en determinada situación. No hemos de dudar que muchas mañanas ella se levanta sin el deseo de esforzarse, en ese día, por amar al hombre que el Señor le dio por compañero. No obstante estas sensaciones, escoge volver a afirmar su intención, con la ayuda de Dios, de transitar por el camino de la decisión en lugar de prestarle atención a lo que siente.

Cuando nos guiamos por nuestras emociones, nuestros esfuerzos tienden a ser esporádicos e impulsivos. En los momentos que nos sentimos contentos, somos efusivos y amorosos. En las situaciones en las que nos sentimos tristes, enojados o desanimados, sin embargo, nuestra tendencia será a desatender el compromiso con el matrimonio.

Cuánta firmeza podemos darle a nuestra decisión cuando volvemos, cada mañana, a afianzarnos en el compromiso de amar a la otra persona, sin importar la situación en la que nos encontremos. Esta decisión nos permitirá fijar un rumbo certero para nuestras vidas, y nos volverá a ubicar dentro del plano del compromiso que asumimos el día que contrajimos matrimonio. Servirá para recordarnos que el llamado a amar es uno que desconoce vacaciones, feriados o ausencias por enfermedad. Es una vocación que, una vez asumida, deberá ser ejercitada cada día hasta que la muerte nos separe.

El beneficio de afianzarse en esta decisión, tal como señala Nathalia, es que los sentimientos de nuestro corazón tienden a acomodarse a las convicciones de nuestro espíritu. Cuando permanecemos firmes en una decisión, los sentimientos se alinean con nuestra convicción, y lo que puede, inicialmente, requerir de cierto esfuerzo se torna, cada día, más placentero.

JUNTOS TE ADORAMOS

Permanecer en la virtud del amor se vuelve muy complejo y desafiante, ya que nuestra naturaleza humana siempre nos confunde cuando involucramos nuestros sentimientos y emociones. Muchas veces nos decimos: «No quiero seguir», «No quiero tener que esforzarme», «Esto está empeorando», haciendo que nuestras emociones nos hagan tomar malas decisiones, dejando para el último lo que deberíamos hacer primero, que es: acudir al dador del amor. Él es quien afianza nuestra fuerza en el compromiso que hemos asumido, y que es para toda la vida. Él puede renovarnos, ayudarnos y aun cambiar nuestras emociones.

Cuando leemos 1 Corintios 13, el pasaje nos invita a anteponer el amor a cualquier buena obra o talento, porque eso de nada sirve, ni tiene valor, si no tenemos esa clase de amor.

Decido hoy ser valiente y buscar la esencia del amor.
Sé que no está en los rincones de mi corazón, ni en las
fuerzas de mis sentimientos. Hoy sé que se encuentra
en ti, Dios: en tu presencia que llena mi vida de gracia
y que día a día forma mi carácter. Moldéame a tu
voluntad y toma cada uno de mis sentimientos, para
que seas tú obrando en mi vida y haciendo que sea una
extensión de tu amor en mi matrimonio. Amar es más
que un sentimiento; es la decisión que tomo de amar en

cada momento. Aun cuando mis sentimientos sientan y quieran decirme lo contrario, me aferro a oír tu voz y escuchar esa verdad que me da libertad.

Hoy, Padre, desnudo mi corazón y te revelo que realmente se me acaban las fuerzas; ya no quiero, ya no siento. Ayúdame a continuar perseverando ante este desafío al que hoy me enfrento.

El amor es paciente y bondadoso. [...] El amor nunca se da por vencido, jamás pierde la fe, siempre tiene esperanzas y se mantiene firme en toda circunstancia.

1 CORINTIOS 13:4-7

JUNTOS SEMBRAMOS

1. Tomen un momento para reflexionar sobre las tres historias bíblicas que contienen la frase «no quiso». ¿Cuáles fueron las principales emociones que sentía cada personaje? ¿De qué manera afectó su capacidad de tomar una decisión acertada? ¿Cómo hubiera cambiado cada historia si hubieran optado por actuar correctamente, a pesar de sus emociones?

2. ¿En qué momentos experimentan ustedes dificultades a la hora de decidir por el amor? ¿Qué pasos pueden tomar para resolver estas dificultades?

ERRORES QUE SIRVEN

En los primeros años de nuestro matrimonio, brotaron aspectos del carácter de mi padre que a mí [Alex] no me gustaban. Yo tenía un carácter muy fuerte. Quería imponerle a Nathalia mis decisiones, sin darle la oportunidad de que ella se expresara al respecto. Esto me llevó muchas veces a atropellarla.

En una situación particular, me salí de mis casillas de una manera muy negativa. El incidente me entristeció mucho, porque me vi repitiendo los mismos patrones que habían llevado a la destrucción del matrimonio de mis padres. Entendí que debía ir a la cruz para entregarle a Dios aquellos aspectos de mi vida que aún no habían sido sanados. Era la única forma de no volver por los mismos errores de mis padres.

· · ·

¿Y por qué te preocupas por la astilla en el ojo de tu amigo, cuando tú tienes un tronco en el tuyo? ¿Cómo puedes pensar en decirle a tu amigo: «Déjame ayudarte a sacar la astilla de tu ojo», cuando tú no puedes ver más allá del tronco que está en tu propio ojo? ¡Hipócrita! Primero quita el tronco de tu ojo; después verás lo suficientemente bien para ocuparte de la astilla en el ojo de tu amigo.

MATEO 7:3-5

UNA BUENA DECISIÓN

La intimidad del matrimonio nos ofrece la oportunidad de conocer a la otra persona de una manera diferente a todas las otras relaciones que disfrutamos. La cercanía, en el marco de una vida compartida a diario, nos permite conocer los rasgos de su carácter y las particularidades de su personalidad. Podemos observar sus reacciones en momentos de alegría y satisfacción como también en contextos de cansancio y fastidio, o frente a situaciones de crisis y dificultad.

En el marco de este conocimiento, los errores y desaciertos de la otra persona se vuelven claramente visibles, pues en el matrimonio resulta imposible disimular nuestras debilidades. Estas nos parecen tan obvias, que no entendemos por qué la otra persona no hace algo al respecto.

Con el pasar del tiempo estas torpezas pueden convertirse en una obsesión que, inclusive, nos roba el sueño. Cada discusión gira en torno a los mismos temas. Estamos convencidos de que si la otra persona simplemente asumiera la responsabilidad por sus faltas todo cambiaría.

Uno de los principios que debe guardar el matrimonio, sin embargo, es el compromiso de amar a la otra persona tal como es. No forma parte de nuestro llamado el trabajar para cambiar a la otra persona. No obstante, la gran mayoría de parejas se encuentran envueltas en conflictos porque cada uno busca la forma de cambiar a la persona con quien se ha casado. Cuando la relación se plantea en estos términos el paso del tiempo simplemente suma resentimiento y fastidio a la vida de los cónyuges, porque todo gira en torno a esa obsesión por cambiar aquello que la otra persona no parece dispuesta a cambiar.

La reflexión de Alex sobre sus desaciertos en los primeros años de matrimonio nos ayuda a recordar que nuestra mayor responsabilidad es la de trabajar sobre nuestras propias vidas. Las palabras del Señor son muy claras en este sentido: «¿Por qué te preocupas por la astilla en el ojo de tu amigo, cuando tú tienes un tronco en el tuyo?» (Mateo 7:3). Sabemos que vamos por buen camino cuando nos preocupan más nuestros propios errores que las faltas de la persona a quien amamos.

Tomar consciencia de nuestras propias debilidades posee dos beneficios. En primer lugar, nos permite extenderle misericordia a la persona con quien compartimos la vida, pues rápidamente nos damos cuenta de lo difícil que resulta lograr un cambio. En segundo lugar, tal como señala Alex, nuestras flaquezas constituyen una invitación a ir a la cruz, pues tampoco poseemos la capacidad para cambiar nuestras propias vidas. Si imitamos el camino recorrido por Alex, sin embargo, podremos echarnos sobre la gracia de Dios para pedirle a él que obre en nosotros esa transformación que no podemos lograr nosotros mismos.

Existe una tendencia, en nuestra cultura obsesionada con el éxito, a buscar la forma de esconder o justificar nuestros errores. Para los que vivimos en Cristo, sin embargo, nuestros errores pueden convertirse en nuestras mejores oportunidades para seguir creciendo hacia la madurez. Cada vez que decidimos confesar nuestros desaciertos y presentarnos delante del Señor en busca de la vida que él nos ofrece, habremos dado un paso firme hacia una vida más plena y bella.

JUNTOS TE ADORAMOS

Hace un tiempo, en mi familia [Nathalia], comencé a observar que tanto Alex como mis hijos necesitaban gafas. A cada uno le recetaron lentes diferentes que les hacían ver correctamente; poder ver lejos, poder leer de cerca y poder descansar la vista. Estas fueron las ventajas que ofrecía el poder usar los lentes, y la visión de cada uno en mi familia mejoró drásticamente. A través de esta situación en mi familia, Dios me hizo reflexionar sobre cómo estaba mi visión en lo espiritual: en cómo estaba mirando a las personas y, en especial, a mi esposo. Es fácil ver a nuestra pareja desde nuestra perspectiva y condición, sin el filtro de misericordia y amor que nos brinda el poder usar los lentes que ofrece Dios a través de Jesús.

Nuestra visión ha sido tan maltratada y afectada que nuestra forma de ver a los demás se ha distorsionado y ha endurecido nuestros corazones, aun no dejándonos ver nuestros propios errores. Es fácil juzgar, señalar, reclamar y querer que la otra persona se comporte y sea como yo deseo verla. Pero la pregunta que me formulé, y te la formulo a ti, es: ¿Es esa la forma como ve Dios a los demás?

¿Cómo poder ver con los ojos de Jesús? ¿Cómo poder llegar a tener esa visión 20/20 en lo espiritual? ¿Cómo poder ver nuestros errores aún más que los errores que vemos en los demás? Creo que la respuesta es que necesitamos los lentes que Dios nos ofrece, para poder ver nuestro entorno con más misericordia y menos juicio, con más gracia y menos condenación, con más oportunidades y menos destrucción. Es a través de Jesús que Dios nos ofrece el beneficio de poder tener esos lentes que nos ayudarán a mejorar nuestra visión. Y al mejorar esa visión, podremos dar y amar de una forma muy diferente a la que tal vez nunca hemos logrado.

Te invito a que reflexiones en este día y que le pidas al Espíritu Santo que te muestre cómo está tu visión: cómo está tu relación primeramente con Dios y con tu familia, y así puedas entender que muy seguramente, como yo, necesitas de tus lentes celestiales para poder ver mejor.

JUNTOS SEMBRAMOS

1. Lean juntos el relato de la mujer que fue sorprendida en adulterio (Juan 8:1-11). ¿Cuál creen que era la trampa (8:6) que los fariseos intentaban tenderle a Jesús? ¿Por qué creen que la respuesta de Jesús los descolocó a ellos? ¿Qué quiso decirle el Señor a la mujer cuando le dijo que tampoco la condenaba? ¿Qué nos enseña este pasaje sobre la compasión?

2. Hagan una búsqueda en Internet de la definición de la palabra *compasión*. ¿Qué características posee la compasión? ¿Qué debe ocurrir para que una persona le muestre compasión a otra? ¿Qué pasos pueden tomar para convertirse en un matrimonio más compasivo el uno hacia el otro? Compartan sus reflexiones.

RENDIR CUENTAS

Nosotros [habla Alex] participábamos en la vida de la iglesia, pero no había alguien que velara por nuestro matrimonio. Un día, cuando estaba charlando con mi buen amigo Danilo Montero, le comenté que iba a estar fuera de casa en una gira de conciertos por un mes. A Danilo no le pareció buena esa situación, y tomó la iniciativa de hablar con nuestros pastores. A partir de ese momento, comenzamos a vivir una relación diferente con un matrimonio de líderes en la congregación. Ahora teníamos a quién rendirle cuentas por las decisiones que tomábamos, y a quién acudir para afrontar situaciones que vivíamos en el marco de nuestro propio hogar. Esa relación nos trajo mucha tranquilidad, pues sabíamos que estas personas estaban atentas a nuestras necesidades.

· · ·

Obedezcan a sus líderes espirituales y hagan lo que ellos dicen. Su tarea es cuidar el alma de ustedes y tienen que rendir cuentas a Dios. Denles motivos para que la hagan con alegría y no con dolor. Esto último ciertamente no los beneficiará a ustedes.

HEBREOS 13:17

UN MARCO SANO

Una de las razones que impulsaron a Pablo a escribir su primera carta a la iglesia en Corinto fue un comentario que le había llegado. «Algunos de la casa de Cloé —señala— me contaron de las peleas entre ustedes, mis amados hermanos. Algunos de ustedes dicen: "Yo soy seguidor de Pablo". Otros dicen: "Yo sigo a Apolos" o "Yo sigo a Pedro", o "Yo sigo únicamente a Cristo"» (1 Corintios 1:11-12).

Estas divisiones manifestaban que el espíritu egoísta e individualista que traían de una cultura caída no había sido transformado por el evangelio de Cristo. La comunidad de fe, señala el apóstol Pablo, debe ser como un cuerpo en el que todos servimos a un mismo Dios y trabajamos juntos para el bien común (1 Corintios 12:4-7).

Una de las características que revela la salud del cuerpo es la armonía que existe entre sus miembros. Lo que vive un miembro afecta a los demás miembros del cuerpo. De esta manera, «si una parte sufre, las demás partes sufren con ella y, si a una parte se le da honra, todas las partes se alegran» (1 Corintios 12:26). «Esto hace que haya armonía entre los miembros a fin de que los miembros se preocupen los unos por los otros» (12:25).

Este genial diseño de Dios para la iglesia nos salva de quedar limitados por el pequeño mundo que representan nuestras propias vidas como individuos. Podemos aprovechar los recursos y las riquezas presentes en el cuerpo de Cristo. Tenemos con quién compartir nuestras luchas, nuestros desafíos y nuestras victorias. Gozamos de la bendición de saber que otros nos ayudan a llevar las cargas y nos animan el corazón por el camino.

La gran mayoría de matrimonios, sin embargo, no echan mano de este beneficio. Convencidos de que nadie entenderá su situación, o limitados por las demandas de su propio orgullo, no se atreven a salir a buscar la ayuda y el aporte que podría enriquecer grandemente su experiencia de pareja. En ocasiones, esto conduce a que situaciones que se podrían haber resuelto con cierta sencillez se tornen complejas y engorrosas.

La intervención de Danilo abrió la puerta para que Alex y Nathalia pudieran comenzar a disfrutar de la bendición de ser acompañados en su experiencia como matrimonio. Les ofreció la oportunidad de abrir sus vidas para que otros pudieran ser instrumentos de edificación en su crecimiento como pareja. Y, a lo largo de los años, esta relación ha permitido que resuelvan, de manera sencilla y rápida, muchos de los desafíos que han tenido que enfrentar.

Esa bendición es una que puede disfrutar cualquier matrimonio que está dispuesto a recorrer los caminos necesarios para alcanzar la plenitud de vida que Dios tiene para ellos. No es necesario que el matrimonio que los acompañe tenga experiencia en consejería ni que posea particulares niveles de sabiduría. Lo que sí es importante es que el matrimonio que los acompañe tenga la experiencia y el amor necesarios para escucharlos y guiarlos a través de la sabiduría que se encuentra en la Palabra de Dios. El sencillo hecho de abrir la puerta a caminar juntos será suficiente como para comenzar a gozar de los beneficios que ofrece caminar con otros por un mismo camino. Tal como señala el autor de Proverbios, «en la abundancia de consejeros está la victoria» (11:14, NBLH). Dos ven mejor que uno, y cuatro ven mejor que dos.

JUNTOS TE ADORAMOS

Al recordar esas primeras oportunidades donde nos reunimos con estos consejeros, como pareja e individualmente, para poder conversar de nuestras luchas y desafíos, y para dar cuentas de cómo estábamos llevando nuestra vida familiar, nos dimos cuenta de que no era algo fácil y que nos costaba trabajo hacerlo. El tener que abrir nuestros corazones y las puertas de nuestro hogar a los oídos de otras personas es algo que necesita mucha humildad y disposición. Debemos entender que Dios está dispuesto a trabajar en nuestras vidas de una forma especial usando las vidas de personas que él pondrá en nuestro camino.

Creer que todo está bien, y que nadie necesita saber lo que pasa dentro de las cuatro paredes de nuestra casa, es algo que ha llevado a muchos matrimonios a fracasar, por el simple hecho de querer manejarlo sin ningún tipo de ayuda y consejo. Cada día, nos enteramos de matrimonios amigos que de un momento a otro se están separando. Duele y nos toma por sorpresa. ¿Cómo no nos dimos cuenta para poder ayudarlos, así como nosotros pudimos recibir ayuda? La cuestión es que un matrimonio se siente tentado a mostrar una fachada engañosa que no permite que los que están a su alrededor vean lo frágil y vulnerable que está su condición personal y familiar.

El pensarnos líderes o personas influyentes en la sociedad creo que nos limita aún más para poder dar lugar a ese tiempo de reflexión con otras personas. En mi caso [Alex], tener un ministerio exitoso por veinte años y ser reconocido en muchos países me ponía en una situación donde pensaba que yo estaba para aconsejar y dar, y no para ser aconsejado y recibir.

Hoy que puedo entender mejor, veo que era una posición muy arrogante y peligrosa, ya que entre más sea la influencia, mayor la responsabilidad de poder llevar una vida íntegra y de bendición. Esto solo lo podrás llevar, en primer lugar, teniendo una devoción sincera con Dios y, en segundo lugar, entendiendo que Dios mandará su ayuda y su consejo a través de personas que, tal vez por mucho tiempo, han estado a tu lado, pero no te has dado la oportunidad de usar los beneficios de la palabra «amistad».

Haz un alto hoy en tu día, y reconoce que no estás solo en medio de los desafíos que afrontas diariamente. Dios ha provisto de su Espíritu Santo para tu ayuda, y te rodeará de personas que seguro te aman y estarán dispuestas a escuchar.

JUNTOS SEMBRAMOS

ᗡ

1. El tener un matrimonio que sirve de referencia no es algo necesario solamente en tiempos de crisis. También enriquece el tener con quien compartir los desafíos y las dinámicas propias de vivir en pareja. Dialoguen acerca del reto que significa entablar esta clase de relación. ¿Qué compromiso requerirá de ustedes, como matrimonio?

2. Consideren los matrimonios con quienes tienen relación en el presente, especialmente aquellos que llevan más años de casados que ustedes. ¿Cuál de ellos podría brindarles ese espacio para compartir?

3. Decidan entre ustedes si están dispuestos a buscar juntos esta experiencia. Recuerden que esta debe ser una decisión de los dos. Identifiquen los pasos concretos que deben tomar para convertir esto en realidad. Oren juntos para que Dios les acompañe en este proceso.

UN NUEVO DÍA

Los primeros años del matrimonio se vieron opacados por mi tendencia [Alex] a pasar por encima de Nathalia... a salirme de mis casillas con mucha facilidad. Me causaba tristeza mi comportamiento porque me daba cuenta de que no me diferenciaba en nada de las cosas que odié en la historia de mis padres.

No era fácil para mí [Nathalia] la vida matrimonial. Mi padre nunca me levantó la voz. Él nos disciplinaba, pero siempre lo hacía con amor. Alex se manejaba como si fuera un dictador, haciendo el papel de hombre duro. Tuve que aprender a soltar las heridas de mi corazón y a comenzar, cada mañana, un día nuevo. Para esto tenía que perdonar una y otra vez a Alex.

. . .

Digamos siempre la verdad a todos porque nosotros somos miembros de un mismo cuerpo. Además, «no pequen al dejar que el enojo los controle». No permitan que el sol se ponga mientras siguen enojados, porque el enojo da lugar al diablo.

EFESIOS 4:25-27

EJERCICIO COTIDIANO

El matrimonio abre las puertas a la posibilidad de vivir algunas de las experiencias más profundas y bellas a las que podemos aspirar como seres humanos. Podemos disfrutar, en el marco de esa relación de amor, de las sensaciones más puras y sublimes que ofrece una relación entre dos personas.

Extrañamente, esta riqueza de oportunidades también se ve acompañada de la posibilidad de vivir situaciones de profunda angustia y dolor. El matrimonio puede también ser el marco de donde provienen nuestras heridas más profundas, nuestras angustias más intensas. La condición frágil y precaria de nuestra humanidad permite que seamos, a la misma vez, instrumentos de bendición y de maldición.

Consideremos, por ejemplo, la dramática transformación que demostró Pedro en el momento de confesar a Jesús como el Hijo de Dios. El Señor reaccionó con gozo ante su declaración y no dudó en afirmarlo: «Bendito eres, Simón hijo de Juan, porque mi Padre que está en el cielo te lo ha revelado. No lo aprendiste de ningún ser humano» (Mateo 16:17). Poco tiempo después, sin embargo, el mismo Pedro reprendía a Jesús por declarar que debía morir en Jerusalén. El Señor lo corrigió con una severa amonestación: «¡Aléjate de mí, Satanás! Representas una trampa peligrosa para mí. Ves las cosas solamente desde el punto de vista humano, no desde el punto de vista de Dios» (v. 23).

El que una misma persona pueda amarnos y, a la vez, lastimarnos profundamente suele descolocarnos. Nuestra inclinación romántica nos conduce a creer que una buena relación consiste solamente en buenos momentos. La verdad, sin embargo, es que una buena relación es una combinación de aciertos y desaciertos, de gestos de altruismo y manifestaciones de egoísmo.

La característica que sella la buena relación es la capacidad de las partes de sobreponerse a los malos momentos vividos, aun cuando esos sinsabores hayan sido ocasionados por la persona que más amamos. Esta es la disciplina que escogió imponerle Nathalia a su propia vida: la de perdonar las ofensas y comenzar, cada mañana, con una «hoja en blanco».

En este ejercicio, busca la forma de practicar uno de los consejos más sabios que nos ofrece la Palabra: «No permitan que el sol se ponga mientras siguen enojados» (Efesios 4:26). Debemos encontrar la manera de dejar en manos de Dios las ofensas y las tristezas de cada día, de manera que, a la hora de acostarnos, podamos hacerlo en paz con el Señor y con nuestro cónyuge.

El camino necesario para afianzarse en este hábito requiere de cierto esfuerzo. La carne no cede terreno fácilmente cuando ha sido humillada. No obstante, cuando logramos sujetar la carne a lo que el Señor nos pide, fluye hacia nuestras vidas y nuestro matrimonio una bendición que no lograríamos por ningún otro camino. El nuevo día, cuando uno no posee rencores almacenados ni reclamos pendientes, se ve más bonito y prometedor. Uno comienza el día con una liviandad y alegría espiritual que nos permitirán afrontar los desafíos por delante de una manera enteramente diferente al espíritu abatido que engendra la falta de perdón.

El matrimonio comprometido sabe que habrá ocasiones en las que una persona será instrumento de dolor para la otra. No obstante, elige desechar lo malo para aferrarte, con mayor fuerza, a aquello que edifica.

JUNTOS TE ADORAMOS

Hace unos años escuche una canción titulada *Un día a la vez*. Habla de la importancia de poder vivir cada día con Dios, como si fuera tal vez el último: de que el ayer pasó y que el mañana traerá su propio afán. Debemos vivir el «hoy» y el «cada día» afrontando sus diferentes desafíos. No todos los días serán iguales. Cada día es tan diferente e irrepetible. Habrá días lluviosos, fríos, alegres, tristes, de risa, de llanto, días donde alguien llega a la vida y otros parten de ella. El matrimonio es como esos días; cada día es diferente. No podemos intentar creer o afirmar que el matrimonio es para que todos los días se viva lo mismo, y que preferiblemente sea algo que solo traiga buenas emociones. Pareciera como si en algún momento del camino olvidáramos los pactos que con tanta emoción y elocuencia pronunciamos, prometiendo amar tanto «en los momentos buenos como los malos, en la abundancia y la escasez, en la salud y la enfermedad, en las penas y las alegrías», prometiendo amar y respetar todos los días de la vida, no solo los días buenos y alegres. Prometimos amar todos los días y hacerlo un día a la vez.

Vive cada día de tu matrimonio como algo nuevo. No termines el día sin poder ir a la cruz y poder descargar allí todas esas buenas y malas experiencias del día. No es bueno quedarte cargado con lo que cada día trajo; mañana, Dios traerá algo nuevo, y nos ha dado al Espíritu Santo para poder afrontar tanto triunfos como derrotas, alegrías y tristezas, fidelidades y traiciones, aciertos y desaciertos. Para nosotros, el poder entender que la misericordia de Dios es nueva cada día nos ha ayudado a practicar a diario el dar esa misericordia y ese amor, que tal vez no merecíamos pero que hemos recibido hoy. ¿Cómo, entonces, no poder diariamente ser extensiones del reflejo misericordioso de Dios?

Ayer ya pasó, mi Cristo. Mañana quizás no vendrá.
Ayúdame hoy; yo quiero vivir un día a la vez.

JUNTOS SEMBRAMOS

∽

1. Considera por un momento: ¿Cuál es tu respuesta normal frente a las ofensas y las injusticias? ¿Cómo manejas las emociones que te producen esas situaciones? ¿Qué secuelas quedan de estas experiencias que complican «soltar» la situación y perdonar a la otra persona?

2. Reflexiona sobre la forma en que el Señor maneja las ofensas que nosotros cometemos contra él. ¿Qué principios percibes en su proceder? ¿Cuáles de estos te pueden servir como modelo para resolver las dificultades que experimentas con tu cónyuge? ¿Qué debe ocurrir en tu vida para que comiences a recorrer un camino más parecido al del Señor?

3. Identifica las tensiones más recientes que han experimentado como pareja. ¿De qué manera has influido en estas situaciones? ¿Qué puedes hacer para aportar soluciones a posibles conflictos en el futuro? Tomen un momento para orar juntos, pidiendo que el Señor les permita aprender nuevas maneras de manejar situaciones difíciles.

APUESTA ACERTADA

A pesar de los momentos difíciles que vivimos en los primeros años, yo [Nathalia] decidí apostar al corazón de Alex. Él tenía un corazón que buscaba agradar a Dios. Yo sabía que, a pesar de sus reacciones duras, yo podía hablarle a ese corazón... animarlo a buscar respuestas y dirección en la Palabra.

Al principio, él se quedaba callado; pero yo tenía la convicción de que ese corazón un día iba a dar su fruto. Él tenía un carácter muy lindo, poseía muchas cualidades bonitas, pero las debilidades a veces opacaban esa belleza.

. . .

Mantengámonos firmes sin titubear en la esperanza que afirmamos, porque se puede confiar en que Dios cumplirá su promesa. Pensemos en maneras de motivarnos unos a otros a realizar actos de amor y buenas acciones.

HEBREOS 10:23-24

OTRA VISIÓN

Cuando el apóstol Pablo resumió, para quienes lo oían, la historia del pueblo de Dios, incluyó en su relato una referencia al joven que finalmente llegó a ser rey de Israel. «Dios quitó a Saúl y lo reemplazó con David —señaló—, un hombre de quien Dios dijo: "He encontrado en David, hijo de Isaí, a un hombre conforme a mi propio corazón; él hará todo lo que yo quiero que haga"» (Hechos 13:22).

Para los que conocemos los detalles de la vida del rey David, la frase «un hombre conforme a mi propio corazón» resulta algo enigmática. Hubiéramos esperado encontrarnos, en el relato de su historia, con un varón poseído de una nobleza sublime y una irresistible espiritualidad. El historiador, sin embargo, señala que Dios mismo frustró los deseos de David por levantar un templo, debido a su violento pasado: «Tú no debes edificar un templo para honrar mi nombre, porque eres hombre de guerra y has derramado mucha sangre» (1 Crónicas 28:3). Además, tomó al menos ocho mujeres como esposas, una de las cuales tomó fruto de un acto de adulterio. El inesperado embarazo de esta mujer llevó a David a asesinar al esposo, para evitar que la noticia de su perversa infidelidad fuera conocida por el pueblo.

No obstante alguno de los despreciables detalles de su peregrinaje terrenal, el testimonio acerca del hijo de Isaí permanece: era un hombre conforme al propio corazón de Dios. De manera que la vida de David se convirtió en la vara con la que fueron evaluados todos los perversos reyes que lo sucedieron en el trono hasta el momento de la caída de Jerusalén. Su grandeza es tal, que la promesa de Dios acerca de un trono eterno se cumple con la llegada del Mesías, a quien el pueblo llama «el hijo de David».

Las discrepancias entre la figura de David y lo que el Señor declara de él son producto de las limitaciones de nuestra propia mirada, no de una contradicción bíblica. Nuestra evaluación pasa mayormente por lo visible: por los hechos, las palabras y los comportamientos de una persona. El Señor, sin embargo, ve elementos que nosotros desconocemos por completo. Y esa mirada le permite arribar a una conclusión acertada acerca de la vida de alguien: conclusión que generalmente difiere dramáticamente de nuestras percepciones.

En el marco del matrimonio, resulta muy tentador quedarse solamente con lo visible, desconociendo las profundidades de lo que anida en el corazón. En ocasiones, los hechos contradicen lo que verdaderamente anhela el corazón. Nuestras torpezas proclaman nuestra condición frágil y precaria como seres humanos. Quien ama con el corazón, sin embargo, intenta descifrar cuál es el corazón del ser amado. Entiende, como percibió Nathalia, que somos más que la suma de nuestras acciones. Intenta mirar al otro con una mirada guiada por el Espíritu, de manera que percibimos más de lo que se puede ver a simple vista. Esa visión profunda es la que nos permite descubrir, como lo hizo Nathalia con Alex, que sus desaciertos no lograban esconder el lindo carácter que tenía, ni las preciosas cualidades que poseía.

Cuando miramos como miró Nathalia, podemos vestirnos de una actitud de bondad y esperanza hacia la otra persona. Entendemos que, con el tiempo, esa belleza escondida comenzará a brillar de manera inusual. Nosotros, por haberla percibido mirando al otro con los ojos de Dios, podemos ahora ser facilitadores del proceso que permite que asomen esas cualidades escondidas. Nuestra apuesta le da a la otra persona ese voto de confianza que tanto necesita.

JUNTOS TE ADORAMOS

∾

Una de las cosas que tenía David, que hacía que tuviera el título de ser conforme al corazón de Dios, era el tener la actitud correcta y el corazón dispuesto a reconocer su debilidad y su necesidad de Dios. Son varios los salmos donde vemos cómo se humilla y rasga su corazón en busca de poder rescatar el favor y la presencia de Dios en su vida.

En mi vida [Alex] y en mis múltiples errores he podido ver la gracia y el favor de Dios, que hacen que en medio de cada uno de mis desaciertos necesite urgentemente regresar a él. Sé que la vida sin Dios sería el fin de todo. Puedo declarar lo que Moisés declaró ante el Señor, en medio de su caminar y su peregrinaje: si tu presencia no va conmigo, prefiero no ir (Éxodo 33:15).

Mi vida, matrimonio y ministerio dependen de estar día a día en su presencia: de poder desarrollar la destreza y rapidez de reconocer mis errores, buscando restaurar mi relación vertical con Dios y mis relaciones horizontales con mi familia y hermanos.

Hace unos años, escribí una canción que reconoce mi desobediencia y mi necesidad de restaurar mi relación con él. Seguramente te ayudará declarar esta misma oración hoy.

NO TIENE PRISA

♫

Voy caminando y me atrevo a creer
Que sin saberlo yo creía conocer
Seguí sus pasos como un barco de papel
Fui naufragando sin siquiera entender
Su amor en mí

Te aparté y con mis fuerzas yo luché
A la distancia se hundía mi querer
Ayer te vi y hoy no sé si estás aquí
Qué necio fui y qué poco entendí
Tu amor en mí

Es tu amor el que sigue hoy aquí
Sin darme cuenta fui yo quien me escondí
Me alejé y con ello entendí
Que tu amor no se ha ido, sigue allí

Voy caminando, paso a paso seguiré
Cuando me canse a tus brazos llegaré
No me confundo sé que solo moriré
Por eso vengo a rendirme otra vez
A tu amor, tu amor

Es tu amor que me levanta, que me atrapa y no me suelta,
Que me alivia y me libera.

Es que tu amor no trae condena, no señala ni olvida,
Que por mí entregó su vida,
Que soy yo aquella oveja que buscó a toda prisa
Me encontró con su sonrisa, me abrazó con sus caricias;
Es que tu amor me enmudece y me agita
Es mi lámpara encendida, es mi fuego y no ceniza
Tu amor no tiene prisa

JUNTOS SEMBRAMOS

1. Exprésale verbalmente a tu pareja algo que aprecias de su persona. Al menos una vez por día, expresa tu aprecio por alguna cualidad o algún comportamiento en tu pareja que te bendice.

2. Propónganse sumar un ingrediente al compromiso que han asumido de orar al menos una vez por semana. Durante ese momento emplea tu autoridad, como hijo de Dios, para bendecir y declarar el bien sobre la vida de tu cónyuge.

3. Busca una oportunidad, en las próximas semanas, para resaltar, en presencia de otros, alguna cualidad que aprecias en la persona que Dios te ha dado por cónyuge.

OPORTUNIDAD SIN IGUAL

Yo [Alex] he sido un hombre de retos, de sueños, movido por el anhelo de lograr cosas grandes. Esto es parte de nuestro llamado, pues el Señor nos desafía a esforzarnos y ser valientes. A veces, sin embargo, consideramos que este llamado se refiere a una guerra espiritual: que guarda poca relación con ser valiente en el amor. Para mí, las batallas más grandes se libran en la esfera del hogar.

Yo puedo ser valiente por fuera —mostrarme como un poderoso en temas espirituales—, pero mayor es el esfuerzo que se requiere para morir a mí mismo, con el fin de agradar a quienes comparten conmigo la vida. Que mis hijos me puedan decir: «Yo quiero ser como tú»; «Yo quiero seguir tus pasos»; «Eres el mejor papá del mundo». Esos son los títulos que a mí me hacen valiente. Un *Grammy*, los aplausos de la gente, los buenos comentarios que me llegan: todo eso va a pasar. Que mi familia me tenga en alta estima, sin embargo, me llena el corazón y permite que el ministerio fluya mucho mejor.

· · ·

No deban nada a nadie, excepto el deber de amarse unos a otros. Si aman a su prójimo, cumplen con las exigencias de la ley de Dios. Pues los mandamientos dicen: «No cometas adulterio. No cometas asesinato. No robes. No codicies». Estos y otros mandamientos semejantes se resumen en uno solo: «Ama

a tu prójimo como a ti mismo». El amor no hace mal a otros,
por eso el amor cumple con las exigencias de la ley de Dios.

EL MAYOR DESAFÍO

Cuando comenzamos a afianzarnos en la vida matrimonial, resulta inevitable conocer las necedades, las mezquindades y los egoísmos de la persona con la que estamos casados. El compartir juntos tanta intimidad no solamente nos ofrece preciosos momentos de intensa comunión, sino que también nos permite ver el lado oscuro en la vida de la otra persona: aquellos detalles en su forma de ser y actuar que convierten en todo un desafío el perseverar en la vocación de amarlos.

Para muchas parejas, este descubrimiento inevitablemente se ve acompañado por la desilusión. La otra persona no es todo lo que esperábamos. Algunos, en estas instancias, se vuelcan a la infructuosa tarea de buscar la forma de cambiar aquello que no les gusta en el otro. Estos esfuerzos, sin embargo, rara vez arrojan buenos resultados. Al contrario, pareciera que los problemas simplemente se agravan cuando la consigna es cambiar, a toda costa, el comportamiento del otro.

Con el pasar del tiempo, al ver que nuestros esfuerzos no prosperan, solemos caer en la resignación. La resignación es ese estado en el cual reconocemos, con cierto fastidio, que la otra persona quizás no va a cambiar. Nos disponemos a llevar, de la mejor manera posible, una situación que nos resulta desagradable. Nos convencemos de que vivir con este aspecto desagradable de la otra persona es parte de nuestro llamado a «cargar nuestra cruz», e intentamos ponerle la mejor cara al asunto. En el fondo, sin embargo, seguimos convencidos de que seríamos mucho más felices si la otra persona se decidiera a deponer el comportamiento o la actitud que tanto nos molesta.

La frustración en el hogar es, muchas veces, el detonador de mayores inversiones y esfuerzos fuera de la casa. Nos involucramos con proyectos y ministerios de la iglesia, trabajando con personas a quienes nos resulta mucho más fácil amar que a nuestro cónyuge. De esta manera, nos encontramos atrapados en una vida donde nuestras mayores expresiones de afecto y compromiso están dirigidas hacia aquellos que no son de nuestra casa. Esto inevitablemente conducirá hacia el descuido del hogar y esa extraña condición que describe Alex en esta reflexión: ser considerado por los demás como un valiente de la fe, aunque esa percepción no coincida con la de nuestra familia.

Cuando Jesús abordó el tema del amor, en el Sermón del monte, hizo dos preguntas punzantes: «Si solo aman a quienes los aman a ustedes, ¿qué mérito tienen? ¡Hasta los pecadores aman a quienes los aman a ellos! Y si solo hacen bien a los que son buenos con ustedes, ¿qué mérito tienen? ¡Hasta los pecadores hacen eso!» (Lucas 6:32-33). Quería que la multitud entendiera que en el reino el llamado a amar es uno que abarca aun a las personas que ocasionalmente nos pueden lastimar o agredir.

Si logramos entender, como señala Alex, que el hogar nos ofrece una oportunidad sin igual para aprender lo que verdaderamente significa amar, estaremos en condiciones de aprovechar uno de los mayores beneficios que ofrece el matrimonio: el de avanzar de un amor romántico hacia un amor maduro y desinteresado. Perseverar en el amor con aquellos a quienes mejor conocemos es verdaderamente un reto para valientes. Las debilidades y las torpezas de nuestra condición humana nos acompañarán a cada paso del camino. Si insistimos en la propuesta, sin embargo, nos habremos ubicado firmemente en un espacio excepcionalmente idóneo para aprender a amar a la medida del amor de Dios.

JUNTOS TE ADORAMOS

Cuando nadie nos ve, ese es quien somos en realidad. No hay maquillaje, no hay máscara, no hay escenario donde podamos esconder quien somos realmente.

Cuando leo [Alex] biografías de grandes cantantes y músicos, encuentro que en sus vidas privadas y personales había tantas grietas y vacíos, que era natural ver vidas desordenadas y pálidas que opacaban sus carreras y sus talentos. Allí donde ya no están los aplausos y donde el talento pasa a un segundo plano, el carácter es revelado y se ve quienes somos en realidad. Vivimos como si tuviéramos dos vidas, dos caras, dos mundos: fuera y dentro del hogar. El reto y desafío que vivo cada día es poder ser el mismo en todo lugar. Que mi esposa y mis hijos no vean diferencia en la persona que canta sobre un gran escenario y la que día a día vive con ellos en casa. La vida es una sola, y debemos ser congruentes con ella. No podemos vivir con máscaras esperando ver cuál se adapta al momento que esta me presente. Cuando veo la vida de Jesús, veo cómo siempre fue él mismo: lleno de integridad y amor aun para sus acusadores y enemigos. Él amó, y no solo amó en los grandes escenarios o entre las grandes multitudes. No. Él amo en el silencio y en lo íntimo, en el cariño y en el odio, en la aceptación y el rechazo. Él fue la luz en cada momento. Él fue la verdad sin importar las consecuencias. Él fue el camino para amigos y enemigos. Él fue y será siempre el mismo; no varía. Esa clase de persona quiero ser: una persona que sea congruente con lo que canta y predica, con lo que vive día a día, no solo con sus seguidores y admiradores, sino con sus íntimos... en mi hogar. Que al finalizar tu carrera —cuando ya no estén los escenarios, cuando las luces se hayan apagado, y tal vez tu nombre lo hayan olvidado— tu legado sea extendido a través de ellos, los íntimos, para los cuales fuiste una carta abierta y mostraste que, en medio de tus errores y aciertos, los amaste y diste tu mejor esfuerzo para ser el padre y esposo, o la madre y esposa que ellos siempre soñaron.

JUNTOS SEMBRAMOS

1. Tomen unos minutos para responder juntos a las siguientes preguntas: ¿Cuáles son los conceptos más comunes sobre el amor en la cultura de nuestro pueblo? ¿En qué difieren esos conceptos de la propuesta de amor que observamos presentada por la Palabra? ¿Qué podemos hacer para crecer en esta clase de amor?

2. Considera alguna característica en tu pareja que dificulta la convivencia. ¿Cómo has manejado este desafío hasta ahora? ¿Por qué crees que este tema te produce frustración? ¿Qué lecciones crees que el Señor intenta enseñarte por medio de esta situación?

3. Haz una lista de cinco cualidades que aprecias en la persona con la que te has casado. Comparte tres de ellas con tu pareja. Cierra este tiempo de reflexión con una oración de gratitud por la persona que Dios ha escogido para compartir contigo la aventura del matrimonio.

HACIA EL ALTAR

Al principio de nuestro matrimonio [habla Nathalia], el concepto de un altar familiar* era muy difícil de abordar para Alex. Cuando yo sugería que podíamos hacer algo así juntos, él respondía: «No me impongas orar; no me obligues a que tenga que orar». Me sorprendía la actitud que tenía en su oposición a la idea. Traté de entender el por qué de esa reacción, y vi que en su familia lo había vivido como una imposición religiosa, más que un privilegio. Poco a poco, fuimos construyendo nuestro propio altar. Las circunstancias adversas, que a veces nos tocaba atravesar, nos motivaban a presentarnos juntos delante del Señor para que nos ayudara. Pero [cuenta Alex] lo que más nos motivó a buscar a Dios en familia fue la responsabilidad de ser padres y querer que nuestros hijos vieran y adoptaran la oración en familia. La manera en que ellos respondieron a los tiempos de oración fue, para mí, el motor para mantener esta práctica y hacer de ella algo especial en nuestro hogar.

. . .

*Es bueno dar gracias al Señor, cantar alabanzas al Altísimo.
Es bueno proclamar por la mañana tu amor inagotable
y por la noche tu fidelidad.*

SALMO 92:1-2

---

* El *altar familiar* es el nombre que algunos grupos emplean para describir el momento en que la familia se reúne para leer la Biblia y orar juntos. Es un momento de devoción compartida en el hogar.

REFUGIO SEGURO

El libro de Samuel nos permite observar cómo el rey David se sobrepuso a situaciones de extrema adversidad. En cierta ocasión, cuando David aún vivía en el desierto, salió de campaña con sus valientes en contra de sus enemigos. Cuando regresaron a su ciudad, se encontraron con un panorama desolador. Había sido arrasada por los amalecitas, y sus mujeres e hijos llevados cautivos. El historiador nos dice que «lloraron a más no poder» (1 Samuel 30:4).

La amargura rápidamente se convirtió en enojo. La furia de los hombres, sin embargo, no estaba dirigida hacia los amalecitas que habían perpetuado el ataque. Los guerreros descargaron su furia contra David, el hombre al que consideraban el verdadero responsable de la debacle que enfrentaban. Esta reacción, normal en tiempos de profunda crisis, considera que identificar al culpable de lo que nos sucede es el primer paso para comenzar a resolver la situación. Sirve, también, para que descarguemos contra él toda nuestra frustración e impotencia. «David —nos dice el relato—, ahora se encontraba en gran peligro, porque [...] comenzaron a hablar acerca de apedrearlo» (1 Samuel 30:6).

David brilla en la historia del pueblo de Dios precisamente porque rehusó transitar por los caminos que transita la mayoría. En lugar de perder tiempo en argumentaciones inútiles, en buscar la forma de explicar lo sucedido o intentar salvar su honor, David, nos dice el relato, «encontró fuerzas en el Señor su Dios» (1 Samuel 30:6).

Los Salmos ofrecen un elocuente testimonio de que este no era, para David, un acto de desesperación, sino el hábito de toda una vida construida sobre una convicción: «El Señor [...] es mi roca, en quien encuentro protección. Él es mi escudo, el poder que me salva y mi lugar seguro» (Salmo 18:2).

Cultivar este hábito de buscar el rostro del Señor juntos, en familia, es algo que requerirá de paciencia y perseverancia. Nathalia advierte: «El diablo quiere desunir, y uno va a encontrar que cada vez que se propone acercarse a Dios, algo pasa. Puede ser que haya una reunión a la que asistir, que nos sintamos cansados, que los niños estén llorando o que alguien se enfermó. El hecho es que las circunstancias siempre van a ser difíciles. Pero lo que quiere el Señor es que la familia se acerque a él, porque es la experiencia más poderosa que ellos pueden tener».

Las situaciones límite pueden ser los puntos de partida que nos impulsan hacia una genuina reconexión con Dios. Los beneficios que generará este espacio compartido serán mucho mayores al esfuerzo invertido en sostener a la familia. Muchos expertos en dinámicas matrimoniales coinciden en que pocas actividades beneficiarán tanto el crecimiento del matrimonio como el hábito de buscar juntos el rostro del Señor. Serán necesarios momentos de esfuerzo e incomodidad para comenzar a familiarizarse con la experiencia desconocida que significa el buscar juntos a Dios.

Al explorar las formas de llevar adelante esta disciplina, el matrimonio deberá tener cuidado de no acabar reduciendo la experiencia a una obligación religiosa. Si no hay un anhelo genuino por disfrutar a Dios en el seno de la familia, acabarán atrapados en un rito que puede aun llegar a entorpecer el crecimiento espiritual de la familia. El matrimonio sabio sabrá combinar la disciplina y la perseverancia con expresiones genuinas de adoración y entrega a Dios.

Lo que distingue al matrimonio sobresaliente no es que se le han concedido mejores oportunidades en la vida, ni que son más idóneos el uno para el otro. Lo que lo aparta de otros matrimonios es que han encontrado, por medio del esfuerzo y la insistencia, la forma de construir una vida compartida, en Cristo, en el marco de los desafíos de cada día.

JUNTOS TE ADORAMOS

Hace unos días, tuvimos una de las experiencias más extraordinarias que como familia hemos vivido. Creo, sin duda, que fue el resultado de cultivar una vida de oración en familia. Mi hija, Juanita, y yo [Alex] estábamos aprendiendo una canción que habíamos escuchado y que a ambos nos encantó. Pasamos un buen tiempo aprendiendo las notas en la guitarra y la letra de esta poderosa canción.

Tu voz me llama a las aguas
Donde mis pies pueden fallar [...]

Que tu espíritu me guíe sin fronteras
Más allá de las barreras
A dónde tú me llames
Tú me llevas más allá de lo soñado
Donde puedo estar confiado
Al estar en tu presencia

Una vez que aprendimos la canción, mi esposa propuso que oráramos y tuviéramos un tiempo de comunión. Nos pareció una gran idea, y nos dispusimos los cuatro a tener nuestro altar familiar. Comenzamos a orar y a entonar la canción. Yo me sumergí en aquel maravilloso momento sin ver lo que estaba pasando con Nathalia, Juanita y Simón. Con mis ojos cerrados, oré pidiendo al Espíritu Santo que mis hijos pudieran tener su propio encuentro con Dios y disfrutar del toque poderoso y tierno de su presencia. Al terminar la oración, bajé el tono de mi voz y de mi guitarra, y al abrir mis ojos, encontré que Juanita estaba llorando y siendo abrazada por Nathalia. Eso me llevó a seguir ministrando mientras arpegiaba las cuerdas de mi guitarra. Recuerdo, y nunca se me olvidará, ver la carita de mi hija diciéndome que era algo maravilloso lo que estaba sintiendo: «¿Por qué no me dijeron que esto era así de grande y fuerte?». Ella estaba sintiendo una felicidad tan inmensa y un toque de Dios tan real, que no podía parar de llorar.

Lloramos junto a ella y vivimos una noche llena de la hermosa y cálida presencia de Dios en nuestra casa.

Sé que Dios utilizó a mis hijos, de una forma especial, para que estos tiempos de comunión con Dios en familia sean hoy algo especial en nuestra casa. Son nuestro refugio seguro, donde exponemos cada uno lo que tenemos en nuestro corazón y bendecimos a Dios por su derroche de amor a nuestras vidas. Es allí donde encontramos fuerzas para avanzar, inspiración y aliento para seguir, motivos para adorar. Lo que una vez fue un momento de imposición y de religiosidad, hoy es un hermoso momento, donde como familia declaramos que Jesús es el Rey y Señor de nuestras vidas y nuestro hogar.

JUNTOS SEMBRAMOS

౿

1. Dialoguen acerca de lo siguiente: ¿Cuáles son los mayores obstáculos para programar un tiempo de devoción compartida? ¿Cuáles de estos obstáculos pueden resolver? ¿Qué pasos concretos necesitan tomar para convertir en realidad esta meta?

2. Además del compromiso de orar juntos, como matrimonio, consideren qué pasos pueden dar para crear una experiencia devocional de familia. Eviten ser demasiado ambiciosos Establezcan objetivos y límites bien sencillos para el encuentro.

VOTO DE CONFIANZA

Alex me ha dado [Nathalia] la confianza de poder manejar las finanzas de nuestro hogar, en el día a día. Siempre ha confiado en mí, y nunca he sentido, de parte de él, algún rechazo o desaprobación. Yo, por mi parte, le pido a Dios sabiduría para hacerlo bien. La administración de los recursos de nuestro hogar, en general, ha sido un trabajo en equipo. Juntos, tomamos decisiones sobre cómo invertir y cuáles serán los gastos que tendremos. En nuestro caso, él es el principal proveedor de la familia, pero siempre ha reconocido mi trabajo en casa y también en el ministerio. Yo entiendo que cada uno de nosotros tiene un rol diferente, y de esa manera Dios nos bendice. Yo sé que muchas parejas experimentan tensiones en las finanzas. Pero, en mi caso, él me honra con su actitud de confianza, aun cuando le cuento mis desaciertos.

Sé [habla Alex] que en algunas parejas los dos generan recursos económicos. A veces, escucho que la forma en que administran estos recursos es que cada uno administra lo suyo. Pero yo siento que eso es una forma de convivir en división. Otras veces, solamente el hombre genera recursos, y entonces le da a la mujer un porcentaje y se queda con el resto. Yo creo, sin embargo, que, al ser una sola carne, todo lo que tenemos es de los dos y debe ser compartido como algo nuestro. Yo doy gracias a Dios que mi esposa es la que cuida y maneja las finanzas de nuestro hogar.

· · ·

No es que haya pasado necesidad alguna vez, porque he
aprendido a estar contento con lo que tengo. Sé vivir con casi
nada o con todo lo necesario. He aprendido el secreto de vivir
en cualquier situación, sea con el estómago lleno o vacío, con
mucho o con poco. Pues todo lo puedo hacer por medio de
Cristo, quien me da las fuerzas.

FILIPENSES 4:11-13

AMOR QUE DESTRUYE

El apóstol Pablo, en una de las declaraciones más punzantes del
Nuevo Testamento, señala que «el amor al dinero es la raíz de
toda clase de mal» (1 Timoteo 6:10). No necesitamos ser erudi-
tos en la Palabra para comprobar lo acertado de esta afirmación.
Una investigación, aun a la ligera, de los males más comunes
que aquejan nuestra existencia revela que el origen de gran parte
de ellos se encuentra en el afán desmedido y enfermizo que
posee el ser humano por acumular riquezas.

«No es el dinero lo que es malo —suelen objetar muchos—,
sino el *amor* al dinero». Si consideramos que el amor al dinero
es una característica común a todos los seres humanos, no erra-
ríamos al pensar que el dinero y el amor al dinero son una y la
misma cosa*.

Uno de los detalles más sorprendentes de los Evangelios es

---

* Foster, Richard. "Money and the Spiritual Life." [El dinero y la vida espiritual]. *Renovaré*. 2007.
  Accesado el 15 de mayo del 2019. https://renovare.org/articles/money-and-the-spiritual-life.

descubrir que, con la excepción del reino de los cielos, las riquezas son el tema que más frecuentemente abordó Jesús en sus enseñanzas a los discípulos y las multitudes. Advirtió, en reiteradas ocasiones, acerca de los peligros que encerraban, y animó a sus discípulos a la clase de actitudes de desprendimiento y generosidad que muchos tildarían de irresponsabilidad financiera.

Jesús consideraba que el dinero no es un elemento inanimado e inofensivo. Decidió comparar el dinero con un dios cuando afirmó: «Nadie puede servir a dos amos. Pues odiará a uno y amará al otro; será leal a uno y despreciará al otro. No se puede servir a Dios y [...] al dinero» (Lucas 16:13). De esta manera, indicó que detrás de las riquezas existen verdaderos poderes espirituales que compiten, de manera muy real, por los corazones de quienes dan su vida al sistema.

Estos poderes exigen la lealtad más absoluta por parte de aquellos que se entregan a la acumulación de riquezas. Requieren que la persona sacrifique amistades, salud, familia, alma y corazón a cambio de los aparentes beneficios que ofrecen. Por esta razón, Pablo no duda en advertir que «los que viven con la ambición de hacerse ricos caen en tentación y quedan atrapados por muchos deseos necios y dañinos que los hunden en la ruina y la destrucción. [...] Algunas personas, en su intenso deseo por el dinero, se han desviado de la fe verdadera y se han causado muchas heridas dolorosas» (1 Timoteo 6:9-10).

La causa principal de los conflictos matrimoniales está relacionada a temas de dinero. Las riquezas, aun cuando consideremos que son escasas, siempre serán motivo de conflicto para aquellos que desconocen los verdaderos peligros que encierran.

Uno de los principales desafíos que enfrenta el matrimonio, entonces, es encontrar la forma de administrar con sabiduría los recursos económicos que comparten. La buena administración, sin embargo, no será posible si no existe una actitud de confianza y honra hacia la persona con la que compartimos la vida. Y no podremos instalar en nuestra relación esa actitud a menos que estemos dispuestos a declarar la guerra contra el espíritu de temor, atropello y avaricia que muchas veces acompaña a las riquezas. Nuestras diferencias por el manejo del dinero rara vez tienen que ver con cuestiones de dinero, sino con realidades espirituales que no hemos sabido abordar correctamente. Nuestros problemas financieros encubren, en la mayoría de los casos, dificultades para confiar en la bondadosa y generosa provisión de nuestro buen Padre celestial.

El desafío aquí no es decidir quién administrará las finanzas ni cuál será la forma de distribuirlas. Lo importante será establecer primeramente los fundamentos sobre los cuales trabajarán. Debe existir un acuerdo inamovible en el matrimonio de que defenderemos siempre la santidad de nuestra relación por encima de las fluctuaciones de la economía de nuestro hogar. Cada vez que permitamos que el dinero se convierta en motivo de discordia, habremos cedido ante el espíritu oculto detrás de las riquezas, que nos afianza en las ambiciones carnales de este presente siglo malo.

JUNTOS TE ADORAMOS

~

Cómo negar que te amo, que me diste sentido aquel día que te vi por primera vez. Despertaste en mí todos los sentimientos que estaban reservados para la mujer de mis sueños; alimentaste mis ganas de vivir y de soñar, de cada día ser mejor y de serlo a tu lado. Te amé desde el momento en que mis ojos se cruzaron con los tuyos. Te amé de tal forma que no dudé en entregarte lo que soy: un hombre que se perfecciona cada día a la sombra del Altísimo. Te entregué mi vida, mis sueños y mis momentos. Sé que en ese primer amor prometí compartir contigo todo lo que soy; y hoy, sé que por un tiempo no te di todo de mí; me guardé tesoros que creí solo podían ser míos. Después entendí que te amé con condiciones, que te amé con restricciones, y te pedí perdón —perdón por limitar mi amor en el deseo de tener el control de todo, de creer que no eras idónea en parte de mi vida—. Entendí que, si Dios te puso a mi lado es para amarte y entregarme entero a ti.

Desde ese momento he soltado mis argumentos y condiciones, y he decidido amarte aún más que aquella primera vez. He renunciado a mi orgullo y posición para darte a ti, amor de mi vida, el valor que tú mereces, ese valor que se condensa en dos palabras: esposa mía. Hoy me tomo de tu mano para que juntos lleguemos más allá de lo que podría llegar solo. Será Dios nuestro guía en cada área de nuestras vidas. Te amé, te amo y te amaré.

Él es el Señor de nuestras finanzas.

JUNTOS SEMBRAMOS

∾

1. Medita sobre la forma en que se administraban los recursos económicos en tu familia de origen. Comparte tus observaciones con tu cónyuge. ¿De qué manera consideran que han sido influenciados por sus historias personales?

2. Lean juntos 1 Timoteo 6:6-11. ¿Qué desafíos creen que Dios les propone, como matrimonio, frente a este pasaje? ¿Qué cambios necesitan hacer en cuanto a la forma de administrar los recursos económicos que poseen?

3. Tomen un momento para elaborar juntos una lista de las bendiciones que disfrutan como matrimonio. Cierren esta reflexión dando gracias a Dios por las muchas formas en que él ha derramado de su bondad sobre sus vidas.

TAPAR LAS GOTERAS

Existen detalles en la convivencia que hacen que se desgaste la relación, y a veces no merecen la importancia que les damos [cuenta Nathalia]. Son cosas pequeñas que de seguro van a cambiar con el tiempo. No podemos llegar a ejercer el rol de mamás de nuestros esposos. Cuando sumo detalles como el desorden, alguna situación de irrespeto o que se le haya olvidado decirme algo, puedo llegar a convertirme en una fastidiosa gotera. Con lo que realmente debemos tratar sería el irrespeto; el resto son cosas que poco a poco se van manejando con el tiempo.

Ser sabias nos permite construir, pero cuando somos necias, con nuestras propias manos destruimos. En algunas situaciones, no vale la pena perder tiempo y esfuerzo en intentar corregir cosas que son apenas detalles de la vida. La energía y el esfuerzo deben ser reservados para los verdaderos problemas que desafían al matrimonio. El Espíritu Santo es la clave para encontrar el equilibrio, buscando la manera de saber cuándo hablar y aun cuándo callar.

· · ·

Los que pertenecen a Cristo Jesús han clavado en la cruz las pasiones y los deseos de la naturaleza pecaminosa y los han crucificado allí. Ya que vivimos por el Espíritu, sigamos la guía del Espíritu en cada aspecto de nuestra vida.

GÁLATAS 5:24-25

160

POR ALGO LO DICE

La analogía a la que hace referencia Nathalia se encuentra en el libro de Proverbios: «Una esposa que busca pleitos es tan molesta como una gotera continua en un día de lluvia» (27:15). El beneficio normal que ofrece un techo se pierde cuando los que corren a refugiarse bajo él en una tormenta de lluvia deben moverse continuamente de un lugar a otro para evitar el agua que se escurre por las goteras. Del mismo modo, nos dice el autor de Proverbios, la paz y el sosiego que deberían existir en el hogar peligran cuando habita en la casa una mujer que vive amonestando a los demás integrantes de la familia. De hecho, cuando se da esa situación, Salomón considera «que es mejor vivir solo en un rincón de la azotea» (Proverbios 21:9) que dentro de la casa.

Cuando nos dirigimos al Nuevo Testamento, nos encontramos con una exhortación a las mujeres que parece desprenderse de la observación de Proverbios: «De la misma manera, ustedes esposas, tienen que aceptar la autoridad de sus esposos. Entonces, aun cuando alguno de ellos se niegue a obedecer la Buena Noticia, la vida recta de ustedes les hablará sin palabras. Ellos serán ganados al observar la vida pura y la conducta respetuosa de ustedes» (1 Pedro 3:1-2).

La expresión *sin palabras* es llamativa porque si existe alguna característica que distingue a las mujeres, es, precisamente, su capacidad de expresarse por medio de palabras. Donde el hombre es tosco y torpe a la hora de comunicarse, ella brilla por la forma en que expresa con palabras lo que siente y experimenta ante cada una de las situaciones que enfrenta en la vida. La mujer sencillamente no concibe de una vida en la que no se «hablen las cosas». El hombre, en cambio, prefiere muchas veces refugiarse en el silencio.

Resulta irónico, entonces, que Pedro le pida a la persona más elocuente en la pareja que se abstenga de hablar en ciertas situaciones. La exhortación, sin embargo, esconde un importante principio relacionado a la vida en el reino. Los desafíos espirituales de la vida no se conquistan con habilidades naturales, sino con gracia sobrenatural. Lo que naturalmente sirve en las situaciones comunes de la vida pierde su eficacia cuando nos encontramos frente a un desafío que requiere que muramos a nuestros instintos normales. A la mujer, que posee una inclinación natural a las palabras, le puede resultar una verdadera locura intentar ganar a su esposo por medio del silencio. Las palabras no son el entorno natural en el que se mueven los hombres, y por eso la mayoría de los esposos se sienten tentados a huir frente a los regaños y los retos de sus esposas.

De esta observación se desprende un principio que es válido para ambos integrantes del matrimonio. Los mayores desafíos de la vida requerirán, de ambos integrantes, una disposición de *no* caminar por la vía que más naturalmente escogerían en la vida. Así como la mujer, frente al desafío de un marido que se niega a obedecer la Buena Noticia, debe optar por ganárselo por medio del silencio, el hombre igualmente debe resistirse a sus impulsos naturales. En el mismo pasaje, Pedro exhorta: «Ustedes maridos, tienen que honrar a sus esposas. Cada uno viva con su esposa y trátela con entendimiento» (1 Pedro 3:7).

La tendencia natural de los hombres, en el trato con sus esposas, es a relacionarse con ellas como si fueran también hombres. Ella le comparte una situación que la angustia y él se siente en la obligación de ofrecerle una solución, tal como haría cualquier hombre. Ella, no obstante, no busca una salida para la situación, sino alguien que la comprenda. Para responder de manera apropiada a la necesidad de su esposa, el varón deberá desactivar sus tendencias naturales y esforzarse, con la gracia que procede del cielo, por ubicarse en el lugar de su esposa. Solamente cuando recorra este camino podrá extenderle la compasión y el compañerismo que ella requiere para apaciguar la angustia que experimenta.

¿Significa esto que la mujer nunca debe hablar, o que el hombre nunca debe intervenir con sugerencias prácticas para resolver las dificultades que afronta su esposa? ¡Por supuesto que no! Las exhortaciones de Pedro no constituyen una prohibición, sino una orientación en cuanto al camino que cada uno debe recorrer con mayor frecuencia en el marco del matrimonio. Si anhelamos que nuestro matrimonio posea perfume a Cristo, que sea un reflejo fiel de cómo se pueden vivir los principios del reino en el contexto de la vida cotidiana, entonces será necesario acoger y poner en práctica las instrucciones que ofrece la Palabra, pues proceden del corazón del Padre que mejor nos conoce.

JUNTOS TE ADORAMOS

～

Espíritu Santo, solo tú puedes llenar nuestras vidas de tal forma que podamos ser un reflejo de amor en medio del entorno de nuestro hogar, viviendo vidas que te den honra y gloria cada día. No es fácil callar. No es fácil, en medio de nuestro perfeccionismo, ceder y amoldarnos a nuestra pareja. Por eso, nuestro clamor es que seas tú quien ponga tanto el sentir como el hacer. Enséñanos y guíanos a que podamos vivir tus dones y tus frutos. Que amor, alegría, paz, paciencia, amabilidad, bondad, fidelidad, humildad y dominio propio sean el mapa de nuestro andar. Danos discernimiento y sabiduría para saber cuándo hablar o cuándo callar, cuándo ceder y cuándo actuar, para ir edificando este, tu hogar, paso a paso, ladrillo a ladrillo. Que podamos entender que vivimos para agradarte a ti y que queremos construir un lugar donde tú seas nuestro invitado de honor. Que en nuestra casa se respire tu aroma, tu presencia. Que la canción diaria en nuestro hogar no sea de queja y condenación, sino que cambiemos esas notas de dolor y tristeza por acordes de perdón y reconciliación que empoderen nuestro matrimonio, y que este resuene tan fuerte, que muchos puedan conocerte a través de esta canción que te da el lugar que te corresponde: el primero y el único.

Sueña y declara que tu matrimonio es de Jesús. Esfuérzate y sé valiente en levantar el estandarte de los matrimonios que agradan a Dios. Busca el bien en cada cosa que hagas y vive para hacer sonreír a nuestro Dios.

JUNTOS SEMBRAMOS

～

1. ¿En qué situaciones has intentado resolver un conflicto empleando tus características naturales? ¿Cuál fue el resultado de tu intervención? A la luz de la reflexión de hoy, ¿cómo podrías haber manejado de forma diferente la situación?

2. Considera algunas de las cualidades que posee tu cónyuge. ¿De qué maneras te benefician estas cualidades? ¿Qué puedes aprender de ellas? Comparte tus conclusiones con tu pareja.

3. ¿Qué pasos puedes tomar, en el futuro, para responder de manera más adecuada a las necesidades de tu cónyuge? Pídele al Señor que te conceda la gracia necesaria para transitar por ese camino.

POR EL MISMO CAMINO

Los primeros años de nuestro matrimonio [cuenta Alex] sacaron a la luz actitudes y comportamientos que, en algún momento, me habían molestado mucho en mi papá: su violencia, sus agresiones. Yo tenía un carácter muy fuerte y quería imponer las cosas a la fuerza, sin darle a Nathalia una voz en las decisiones del hogar. Creo que en los primeros años de nuestro matrimonio la atropellé mucho. Recuerdo que en una ocasión me salí de mis casillas de una manera muy fea. Después, me entristecí mucho porque pensé: *Esto no se diferencia en nada de lo que fue la relación de mis padres*. Y eso me llevó a ir rápidamente a la cruz para morir y sanar, porque no quería repetir las mismas cosas que yo había odiado.

Con mis hijos, ocurrieron situaciones similares. Un día, estaban colocando luces para la navidad. Mi hija, Juanita, salió sin verlas y las pisó. «Juanita, ¿por qué no miras dónde caminas? —la regañé—. ¡Tienes que poner más atención en lo que estás haciendo!». Mi actitud fue dura, y Juanita corrió a su habitación a llorar. Cuando subí para hablar con ella, me dijo: «Papi, tu siempre me hablas duro, aun delante de mis amigos. Ellos dicen que tú eres un papi bravo, y eso me hace sentir muy mal». Me di cuenta de que me encontraba repitiendo los mismos patrones que mi papá actuaba y empleando las mismas palabras que él utilizaba. Comencé a rogarle a Dios que me ayudara a romper esos patrones que no le traían ningún provecho a mi familia.

*Nuestro Sumo Sacerdote comprende nuestras debilidades,
porque enfrentó todas y cada una de las pruebas que
enfrentamos nosotros, sin embargo, él nunca pecó. Así que
acerquémonos con toda confianza al trono de la gracia de
nuestro Dios. Allí recibiremos su misericordia y encontraremos
la gracia que nos ayudará cuando más la necesitemos.*

HEBREOS 4:15-16

VERDADERAMENTE LIBRES

Una de las cuestiones más desconcertantes en nuestro comportamiento como seres humanos es la tendencia a volver por los mismos senderos de angustia que hemos, en otro tiempo de nuestras vidas, transitado. Y esto a pesar de que muchas veces nosotros mismos hemos identificado el mal que nos tocó vivir.

La razón por la que nos descoloca es, precisamente, porque la persona que sufrió el dolor es consciente del atropello padecido. Una de las equivocaciones más comunes, sin embargo, es la certeza de que identificar los errores de nuestros padres alcanza para no volver a repetirlos. En situación tras situación, las personas confiadamente declaran: «Yo nunca les haría a mis hijos lo que mis padres me hicieron a mí». Con el pasar de los años, no obstante, descubrimos que han repetido la misma historia de la cual creían haber huido.

Existe una sencilla explicación para este incomprensible comportamiento. Frente a los desafíos de la vida, nuestra tendencia es echar mano de los mecanismos y los hábitos con los que más familiarizados estamos porque estos patrones nos otorgan la seguridad que tanto valoramos. Podemos entender, entonces, el desconcierto de Alex, porque nosotros también nos hemos sorprendido haciendo lo mismo que hacían nuestros padres.

El principio del cambio comienza cuando tomamos consciencia de que, por ser parte de ese entorno, incorporamos hábitos, convicciones y comportamientos sin habernos dado cuenta del momento en que lo comenzamos a hacer. Logramos un importante avance cuando dejamos de enfocarnos en el mal que vemos en nuestros padres y comenzamos a mirar el mal que descubrimos en nuestros propios corazones.

El ejemplo más impactante de este proceso es Nehemías. Aunque él ni siquiera había nacido cuando el pueblo de Dios fue enviado al exilio, declaró su propia culpabilidad (Nehemías 1:6). De esta manera, reconoció que la semilla de rebeldía e idolatría que había despertado el enojo de Dios en la generación de sus padres y abuelos también anidaba en su propio corazón.

Jesús declara que su intención es hacernos libres, aunque a veces no somos conscientes de nuestra necesidad de ser libres. Confiados de que no vemos en nuestro interior motivos que realmente nos preocupan, creemos que no es necesaria esta clase de intervención. No obstante, la libertad que ofrece el Señor es una que rompe los vínculos que nos atan a comportamientos y hábitos que tienen sus orígenes en un pasado doloroso.

Uno de los beneficios escondidos del matrimonio es que

expone estos patrones a la luz de la vida. Solamente los valientes, como Alex, se animarán a confesar que perciben comportamientos en sus vidas que los alarman. El acercarse al trono de la gracia para solicitar la intervención del Señor en esta situación será el principio de un cambio profundo y genuino que los conducirá hacia esa verdadera libertad que Cristo prometió para los suyos.

JUNTOS TE ADORAMOS

Cuando entiendes que tú eres templo del Espíritu Santo, y que dentro de ti habitan su poder y su presencia, es mucho más fácil percibir cuando tu corazón se desvía y comienzas a desarrollar actitudes y reacciones que lo entristecen. Creo que no hubiera logrado descifrar mi situación y ver con claridad si el Espíritu Santo no me hubiera susurrado al oído lo mal que me estaba comportando.

Sé que me he equivocado muchas veces. Pero he tenido que aprender, y de una forma rápida, a presentarme delante de Dios y suplicar por su ayuda. No es fácil lograrlo sin él; de hecho, creo que es una tarea imposible de lograr. Pero como hombres y mujeres que ejercemos una responsabilidad en el hogar, debemos volvernos hábiles y diligentes cuando descubrimos que algo no está bien. Tenemos que volvernos rápidos para perdonar y pedir perdón, hábiles para abrazar aun cuando no sintamos el deseo de hacerlo, capaces de desarrollar acciones que tal vez nunca fueron desarrolladas en nosotros, pero que hoy al entender que no estamos solos, podemos lograr y así cambiar la historia y el rumbo de nuestro legado.

Una de mis formas de expresarme, de restaurar lo que con mis acciones he atropellado, es a través de canciones. En letras que se convierten en canción, le expreso a mi hijo lo importante que es él para mi vida, empoderándolo de una forma que jamás pueda olvidar... que más allá de mis errores, tuvo un papá que le expresó amor y que venció su pasado para cambiar su futuro.

MI VALIENTE GUERRERO

♫

Sorprendido en el milagro de un amor así tan bello
Tan intenso y verdadero, tan gigante y tan tierno
No entendía que en la vida existiera amor tan puro
Un cariño tan profundo que se adueña de mi aliento
Que conquista así mi mundo

Me estás enamorando con esa tu sonrisa
Me estás acostumbrando y no puedo evitarlo tenerte bien cerquita
Hoy no puedo negarte y quiero confesarte
Que me has hecho tan tuyo y no existe un segundo
que dejes de ser mío

Me reflejo en tus ojitos, en tu risa y en tus gestos
No podría ni negarte si te llevo aquí tan dentro
Eres vida de mi vida un regalo del Dios bueno
Eres amor verdadero tú, mi valiente guerrero
Soy tu padre, mi pequeño

Me estás enamorando con esa tu sonrisa
Me estás acostumbrando y no puedo evitarlo tenerte bien cerquita
Tu amor se ha hecho grande, aunque eres tan pequeño
Quisiera ser tu héroe, tu amigo y compañero,
no miento es mi anhelo
Y si llego a viejo, la mano habrás de darme
Los dos nos cuidaremos y aunque pase el tiempo
Lo nuestro es verdadero

JUNTOS SEMBRAMOS

ᏉᏉ

1. Contesten las siguientes preguntas: ¿Cuáles fueron los puntos fuertes de sus familias de origen? ¿Cuáles fueron los puntos débiles? ¿De qué manera impactó sus vidas el haber nacido en estos hogares?

2. ¿En cuáles de tus comportamientos observas similitudes con lo vivido en tu hogar de origen? ¿Qué te dicen estos patrones de comportamiento? Si te animas, comparte tus observaciones con tu pareja.

EJERCICIO OPORTUNO

Yo [Alex] sentía que no solamente mi esposa se afligía en situaciones de conflicto, sino que también el Espíritu Santo se entristecía. La paz de la casa y la relación con mi esposa se dañaban. Sentía que no había forma de que pudiera entrar en la presencia de Dios y adorar mientras permaneciera esa situación. A la misma vez, Nathalia, con mucho cariño, me recordaba que ciertos comportamientos y ciertas actitudes no eran apropiados para un adorador. El perdón, entonces, salía a la luz como el camino que debía recorrer. Sentía que Dios me decía: «Esa es tu responsabilidad». Una de las lecciones que el Señor me enseñó es pedir perdón sin importar quién creo que es culpable en la situación. A veces, yo discutía con el Señor y le decía: «Pero no fui yo quien cometió el error». El Señor me respondía: «No importa. Sé tú la persona que toma el primer paso hacia el perdón».

. . .

*Quédate quieto en la presencia del Señor,
y espera con paciencia a que él actúe.[...]*

*¡Ya no sigas enojado! ¡Deja a un lado tu ira!
No pierdas los estribos, que eso únicamente causa daño.*

SALMO 37:7-8

GANARLE AL SOL

Un consejo sabio se encuentra en una exhortación de Pablo a la iglesia de Éfeso: «No permitan que el sol se ponga mientras siguen enojados» (Efesios 4:26). Este consejo provee una orientación práctica para el problema más persistente y común en las relaciones humanas: aquellas situaciones en que otros nos ofenden o lastiman.

La intimidad del matrimonio se presta para situaciones en las que el comportamiento, las palabras o las actitudes de la otra persona producen malestar. Son los desafíos de la convivencia diaria de dos seres humanos imperfectos. Las desatenciones, las descortesías, la ingratitud y la falta de sensibilidad son expresiones de las limitaciones que tenemos en esta vida afectada por el pecado.

El desafío no es evitar estas situaciones, sino poseer una estrategia efectiva para reparar el daño que siembran en la pareja estas ofensas. La exhortación completa del apóstol Pablo es: «No permitan que el sol se ponga mientras siguen enojados, porque el enojo da lugar al diablo» (Efesios 4:26-27).

La frase final nos debe servir como advertencia: las ofensas que no se resuelven de manera correcta engendran fastidio y enojo. Y el enojo rápidamente alimenta reacciones carnales que favorecen los propósitos del diablo para nuestras vidas, los cuales son: robar, matar y destruir (Juan 10:10). El apóstol Pablo no prohíbe el enojo, sino que anima a evitar las consecuencias tóxicas del enojo. El enojo, cuando no se resuelve de manera adecuada, engendra amargura: esa sensación de que somos víctimas de una tremenda injusticia. Comenzamos a elaborar una estrategia para castigar a la otra persona por su falta. Nos aferramos a una actitud de intransigencia que perpetúa la ruptura que produjo el incidente.

Cuando se instala en el matrimonio, habrá problemas. «La amargura —señala Jaime Mirón— es el pecado más fácil de justificar y el más difícil de detectar porque es muy sencillo disculparlo ante uno mismo, ante los demás y ante Dios. A la vez, es uno de los pecados más comunes, más peligrosos, más perjudiciales y [...] el más contagioso»*. La amargura provee una y mil justificaciones para seguir aprisionados en el enojo.

Por eso el enojo debe tener fecha límite. Según Pablo, el límite es el mismo día en que se engendró. Esa emoción debe ser extirpada de nuestros corazones «antes que el sol se ponga» para evitar que fermente y produzca un fruto perjudicial para la pareja.

Dos pasos son necesarios para desactivar el potencial peligro que encierra el enojo. El primero, como se lo señaló el Señor a Alex, es dejar de analizar quién es culpable. Si nuestros corazones sienten que no todo está bien, entonces debemos ser nosotros los que tomamos ese primer paso, pues el mismo Espíritu nos inquieta para que no debamos a nadie nada excepto el amarnos (Romanos 13:8).

El segundo paso se refiere al ejercicio de nuestra voluntad. El buscar la reconciliación no puede depender de nuestras emociones. La puesta del sol le añade urgencia a nuestro emprendimiento. Decidimos buscar la reconciliación puramente impulsados por nuestra voluntad porque el perdón es una decisión del corazón.

---

* Mirón, Jaime. *La amargura: El pecado más contagioso* (Carol Stream, IL: Tyndale House Publishers, Inc., 2017), vii.

JUNTOS TE ADORAMOS

∽

La Palabra declara que «el hombre que halla esposa encuentra un tesoro» (Proverbios 18:22). En mi vida se ha dado de una forma maravillosa: hallé un tesoro el día que contraje matrimonio con Nathalia. Literalmente, las ventanas del cielo se abrieron a mi vida, y en estos quince años de matrimonio siguen cada día más abiertas. Sé que hemos pasado por desiertos y valles dolorosos, pero también hemos pasado por momentos únicos e inolvidables que hemos atesorado en nuestros corazones. El matrimonio se vive un día a la vez: como el juego de tenis, un punto a la vez. Se necesita de valentía para vencer nuestro orgullo y darle espacio a lo que realmente significa amar.

Un día, después de una fuerte pelea, quise huir, salir corriendo, pensando que ya no aguantaba más. Para mí, yo tenía la razón, y me sentí vulnerable e impotente al no poder manejarlo y salir victorioso de ese momento. Fue uno de esos días oscuros y difíciles, donde vencer el orgullo se hacía pesado e injusto. Pero como mencionamos el día anterior, no estamos solos; contamos con la maravillosa ayuda del Espíritu Santo para poder avanzar hacia nuestra real victoria y galardón. Después de una muy fuerte conversación con Dios, me dispuse a tomar mi guitarra y escribirle a Nathalia una canción donde le expresaba mi necesidad de que me perdonara, y que nos recordara que nuestro matrimonio es tan fuerte que no se rinde.

BENDITA MUJERCITA

♫

Ella me levanta, con su sonrisa me atrapa
Es con su mirada de niña tierna y coqueta
Dulce cariñito que de pequeño soñaba
Llegaste a mí como la brisa de mañana

Ella es la mujer, ella es la que adorna mi cielo
Ella es tormenta y también la que trae calma
Ella me detiene cuando al oído me canta
Ella me impulsa cuando me dice te quiero

Bendita mujercita, eres regalo del cielo
Cuando solo me quedo, a tus brazos yo llego
Cuando el día se acaba, estarás en mi almohada

Yo te prometí amor verdadero
Y por esa promesa es que yo muero
De qué sirven la riqueza y la fama
Si tu amor poquito a poco se acaba

Cada día pediré al Dios del cielo
Que nos cuide y que nos dé su mirada
Que como rocío de la mañana
Nunca falte su ternura y su espada

Bendita mujercita, bendita es tu sonrisa
Quiero darte mi vida día a día todita
Quiero ser de tus sueños el ladrón de tus besos

Es por eso que te quiero pedir
Que me abraces muy fuerte en la mañana
Que perdones si rompí el corazón
De la niña que soñó en su ventana
Que algún día llegaría su amor
A cantarle que por siempre la amaba
Y si acaso olvide lo que soy
Recuérdame con tu dulce mirada
Que eres mía y que soy tuyo, mi amor
Y aunque llueva muy fuerte en la ventana
Volveremos a mirarnos los dos
Hasta que la vida acabe y se vaya

JUNTOS SEMBRAMOS

1. ¿Cuál es la forma en que sueles responder frente a situaciones que ofenden o lastiman? Pensando en la reflexión de hoy, ¿cómo podrías incorporar nuevos mecanismos para responder frente a situaciones de conflicto?

2. Lean juntos los versículos que relatan el regreso del hijo pródigo a su hogar (Lucas 15:20-32). Observen las actitudes y acciones de cada miembro de la familia en cuanto al perdón.

3. Intenten enunciar, juntos, un pacto en el cual se comprometen a resolver, antes que se ponga el sol, las ofensas y heridas de ese día.

¡NI SIQUIERA SE MENCIONE!

Un día [cuenta Alex], tuvimos una pelea fuerte. En momentos como esos, las emociones descontroladas nos llevan a decir cosas que no deberíamos decirnos. En el calor del momento, uno de nosotros declaró: «¡Esta relación es una equivocación! No somos el uno para el otro. Esto no va a funcionar. Quizás debamos separarnos».

Una vez que los ánimos tuvieron tiempo para calmarse, comencé a tomar consciencia de lo seria que era aquella idea. Llamé a mi esposa y le propuse que hiciéramos un pacto entre nosotros: «Suceda lo que suceda, sin importar la profundidad de nuestras diferencias ni lo alterado de nuestros ánimos, la palabra "separación" jamás se pronunciará entre nosotros». Decidimos que, de ahí en adelante, no íbamos siquiera a considerar la posibilidad de una separación. Por la gracia de Dios, hemos mantenido ese compromiso.

Al contemplar la idea de la separación [habla Nathalia], abrimos la puerta para que el diablo comenzará a sembrar pensamientos de división. Uno comienza a imaginarse cómo sería la vida una vez consumada la separación y, sin darnos cuenta, acabamos entrando en el juego del enemigo.

• • •

Pero que la inmoralidad, y toda impureza o avaricia, ni siquiera se mencionen entre ustedes, como corresponde a los santos.

EFESIOS 5:3 (NBLH)

DECISIÓN SABIA

La resolución que tomaron Alex y Nathalia, de nunca siquiera mencionar la palabra «separación» entre ellos, puede parecer algo extrema. Todos pasamos por momentos de angustia o enojo en los que, aunque sea fugazmente, se nos cruza la idea de ponerle fin a la relación con nuestra pareja. Estos momentáneos arrebatos de insensatez, creemos, no son más que la manifestación normal de nuestra humanidad.

Esta perspectiva parece razonable si ignoramos lo que constituye el pecado. En la perspectiva de muchos, pecado se refiere a un hecho puntual, a un acto específico en la vida de una persona. Si alguien mintió, por ejemplo, el pecado se daría en el instante en que abrió su boca para afirmar, con palabras, algo que no era verdad. La Biblia, sin embargo, nos permite entender que el pecado no es un evento, sino un proceso.

La mejor descripción de este proceso nos la ofrece el conocido texto de la carta de Santiago: «La tentación viene de nuestros propios deseos, los cuales nos seducen y nos arrastran. De esos deseos nacen los actos pecaminosos, y el pecado, cuando se deja crecer, da a luz la muerte» (Santiago 1:14-15). La genial imagen que escoge el apóstol para ayudarnos a entender el entreverado proceso por el que una persona cae en pecado es la del embarazo. Cuando una persona nace, este evento es la culminación de un largo proceso del cual el parto es apenas el último paso.

Del mismo modo, el acto de pecar nunca es el resultado del

momento puntual en el que se manifestó. Más bien existió un proceso en el que un pensamiento fue tomando forma en la mente para luego desembocar en una manifestación visible de esa idea, un pecado. Santiago elige la frase «nos seducen y nos arrastran» para explicar la forma en que un deseo perverso va tomando forma en nuestro interior hasta «dar a luz» un hecho puntual.

La analogía de Santiago afirma la verdad que Jesús compartió con sus discípulos cuando respondió a la preocupación que mostraron por vivir libres de la contaminación del pecado. «Las palabras que ustedes dicen provienen del corazón; eso es lo que los contamina. Pues del corazón salen los malos pensamientos, el asesinato, el adulterio, toda inmoralidad sexual, el robo, la mentira y la calumnia. Esas cosas son las que los contaminan» (Mateo 15:18-19). Los pecados que se expresan en actos concretos de maldad nacen en el perverso interior de nuestros corazones, y es allí donde debemos combatir nuestra inclinación hacia el mal.

Cuando logramos entender este concepto, nos resulta más fácil aceptar que frente a ciertas tentaciones, uno debe adoptar posturas radicales. El peligro que encierran es demasiado fuerte como para andar «jugando con fuego». Y así lo entendía el apóstol Pablo, que exhortó a la iglesia de Éfeso: «Pero que la inmoralidad, y toda impureza o avaricia, ni siquiera se mencionen entre ustedes, como corresponde a los santos» (Efesios 5:3, NBLH). La frase *ni siquiera se mencione* nos ayuda a entender que existen ciertos temas y ciertas declaraciones que contienen un alto grado de peligrosidad. Por eso, tal como señala Nathalia, los evitamos a toda costa, pues no queremos entrar en el juego del enemigo que —no debemos olvidar— trabaja de manera incansable para sembrar división en la pareja. Su cometido no es solamente separarnos el uno del otro, sino también lograr que nos apartemos de aquel que es la fuente misma de nuestras vidas.

Si prestamos atención a las convicciones de esta presente cultura en la que vivimos, podremos observar con cuánta liviandad se considera hoy el pacto que asumen un hombre y una mujer en el matrimonio. La separación, que en otros tiempos era motivo de escándalo, hoy prácticamente es un trámite de rutina. Y el hecho de que se vea como algo casi «normal» en la vida de las parejas puede fácilmente llevarnos a creer que es también una de las opciones que nosotros podemos considerar. Nosotros, sin embargo, pertenecemos a la cultura del reino de los cielos, y nuestras vidas se rigen por otros principios y otras convicciones. Para aquellos matrimonios que aman a Cristo, la decisión más sabia es tomarse de la mano y hacer juntos un pacto: «Entre nosotros, que la palabra "separación" ni siquiera se mencione».

JUNTOS TE ADORAMOS

∽

Hace poco, ayudé a terminar la letra de una canción que me pareció increíble y hermosa. La canción habla de un milagro: el milagro de mantenerse en pie, aun en medio de los desafíos que enfrenta cada día el matrimonio y el valor que este ha perdido. Por eso, me motivó mucho el poder ayudar a terminarla. Yo quiero ser de los que promueven y trabajan en pos de los que no se rinden ni muestran cobardía a la hora de afrontar desafíos en el hogar. Les comparto porciones de esta linda poesía, llena de verdad y de convicción.

MILAGROS

♫

LETRA: ALEX CAMPOS

Y es un milagro que este amor sea para siempre
Mi destino al lado tuyo, y cuando el tiempo aquí acabe
Seguiré siendo tan tuyo

Y es un milagro respirar hoy de tus besos
Y aunque muchos se perdieron, nuestro amor aún se mantuvo
Derrotando aun nuestro orgullo, esto se lo debo al cielo
Y hoy te tengo a ti para explicarlo… es un milagro.

Hay dos frases en esta canción que me impactaron y que contienen una verdad enorme. Quiero resaltarlas para que podamos reflexionar sobre ellas:

Aunque muchos se perdieron, nuestro amor aún se mantuvo

En nuestro tiempo, cada día son más los matrimonios que renuncian y dejan que los desafíos y las diferencias venzan su pacto de llegar hasta el fin de este camino y de mantener este gran compromiso del amor. De hecho, hay tantas personas que tienen mucho miedo y poco valor para con este pacto, que optan por vivir una vida sin compromiso, llevando una relación al hilo de una unión libre. Sé que los sentimientos son parte importante de la decisión de amar; pero, más que esos sentimientos, es una decisión que tomamos y que, pese a las tormentas y los malos tiempos, hemos prometido, hemos decidido avanzar hasta que la muerte nos separe. Es una decisión que debe estar llena de valentía, pero aún mucho más de la poderosa ayuda de Dios. Es más fácil poder llegar a ese final tomados de y guiados por la mano del Dios de amor y de verdad, quien ha dicho: «Yo soy amor». ¿Quién más que él? Un Dios que está dispuesto a realizar un milagro en tu vida y en tu matrimonio, si tú lo permites.

Derrotando aun nuestro orgullo, esto se lo debo al cielo

El enemigo más fuerte que tal vez podría tener nuestra relación se llama «nuestro orgullo». Es un gigante que se hace fuerte en nuestras vidas y que arrasa con nuestras promesas y pactos. No solo acaba con ellos, sino que también a su paso hace que sacrifiquemos y expongamos las vidas paralelas a este pacto: nuestros hijos.

El enemigo más fuerte que vencer en el matrimonio seguramente es este: el orgullo. Necesitamos de un arma aún más poderosa para poder contrarrestar y vencer por completo a este gigante, que cada día cobra más víctimas entre los matrimonios. Esta arma se llama Dios, la ayuda del cielo. Recuerda que fue Jesús quien nos enseñó con ese amor inigualable, despojándose a sí mismo de su reino y su posición para amarnos a tal punto que fue esa clase de amor la que lo llevó a morir. De esa manera, nos dio vida: no cualquier vida, sino vida en abundancia y eterna. Esa vida es la que tiene la capacidad de darnos el poder de vivir vidas acordes a lo que Dios tiene diseñado para nosotros. Esa vida de valientes que vence aun a nuestro orgullo y nos lleva al final de nuestros días, con la bandera en alto y siendo el reflejo de Dios en nuestro entorno.

No es muy tarde. Hoy te invito a que lo vuelvas a recordar y afirmar: que ese pacto que hiciste un tiempo atrás, nunca lo vas a olvidar. Recuerda, y recuérdale a tu pareja, aquel pacto —que fácilmente se olvida y que constantemente debemos recordarnos— es un compromiso para toda la vida. Hoy y mañana, declara al cielo que eres de los que han decidido amar y seguir adelante: de los que cumplen sus promesas y que, en medio de las tormentas, avanzan aun venciendo su orgullo.

JUNTOS SEMBRAMOS

꜅

1. Lean juntos el relato que cierra el libro de Josué (24:1-28). Josué invita al pueblo a que asuma un compromiso con el Señor. ¿En qué elementos basa esta invitación?

2. Observen la respuesta de los israelitas a esta invitación (24:22-28). Josué declara que ellos mismos y una gran piedra son testigos del voto que hicieron. ¿Por qué creen que fueron necesarias estas declaraciones?

3. Al concluir esta serie de reflexiones, ¿por qué no imitan el ejemplo de los israelitas? Como matrimonio, ustedes no saben los desafíos ni los problemas que tienen por delante. No obstante, hoy pueden elegir de qué manera van a hacerle frente a esas dificultades. Este es un buen momento para declarar que, no importa qué problemas puedan experimentar como matrimonio, seguirán siempre juntos, confiados en el Señor.

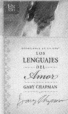